George Curtisius

Gebet und Heilung

Physische und geistige Heilung

Erfahrungsberichte zum Gesundwerden

Das Cover-Bild stammt von iStock, Serie Heilung. Es symbolisiert die Anrufung der Engel mit der Bitte um Hilfe.

Bibliografische Information der Deutschen Nationalbibliothek: Die Deutsche Nationalbibliothek verzeichnet diese Publikation in der Deutschen Nationalbibliografie; detaillierte bibliografische Daten sind im Internet über dnb.dnb.de abrufbar.

Herstellung und Verlag:
BoD – Books on Demand, Norderstedt
ISBN: 9783756822232

Widmung

Ich widme dieses kleine Buch allen Menschen,

- o die Achtung vor ihren Mitmenschen und vor der Schöpfung Gottes haben,
- o die bemüht sind, die Schöpfung Gottes zu erhalten,
- o die unter Ungerechtigkeiten dieser Welt leiden und diese tapfer ertragen, ohne zu verzweifeln.

Ich widme dieses Büchlein allen Leserinnen und Lesern, die mit Hilfe des Gebets zu Gott ihr Schicksal besser meistern wollen.

Gott ist mit ihnen allen.

Inhaltsverzeichnis

VORWORT

Mit Gebeten um Hilfe von Gott können alle Menschen ihr Leben bereichern, vorausgesetzt sie haben die richtigen Voraussetzungen geschaffen, dass ihre Gebete wirksam werden können. Diese notwendigen Voraussetzungen werden im Buch beschrieben.

Für viele Menschen, die sich von Gott abgewandt haben, stellt sich die Frage des Betens eher nicht. Sie brauchen keine Gebete. Sie glauben nicht, dass Gott ihnen in ihrem Alltag helfen könnte und sie sogar heilen könnte. Also glauben sie auch nicht, dass Gebete um Hilfe wirksam sein können.

Ist es nicht etwas naiv zu glauben, dass man Gott abwählen könne, wie man ungeliebte Politiker abwählt? Gott, der in jedem Lufthauch, in jedem Mineral, in jeder Pflanze und in jedem Tier, in jeder Menschenseele, in allen Gestirnen des Universums ist, kann man nicht abwählen. Er ist immer existent, er ist immer da, allgegenwärtig. Von seiner Kraft können wir jederzeit Gebrauch machen, denn er liebt uns und will jedem von uns jederzeit helfen. Man kann auch auf seine Hilfe und seinen Rat verzichten, weil man nicht an ihn glaubt. Dann ist man ziemlich allein gelassen.

Manchmal frage ich mich, warum unsere christlichen Kirchen ihre Gläubigen so wenig darin unterrichten, wie hilfreich Gebete im Leben sein können.

Bei Gebeten geht es um die Verbindung mit dem Allgeist, den wir Gott nennen. Die Verbindung findet auf einer Ebene statt, die wir nicht sehen und selten fühlen können. Es geschehen manchmal Dinge, die wir mit dem menschlichen Verstand nicht erklären können. In meinem Buch: „**Das FBI gegen Gebetsterrorismus – Eine Crime Story um Vergebung und Verdammnis**" habe ich einige solcher Phänomene geschildert.

Kürzlich stieß ich auf die Website:

2. April 2015 (**http://www.pravda-tv.com/2015/04/anomalie-der-schumann-resonanz-videos/**).

Die Website befasst sich mit Anomalien der Schumann-Frequenz.

Schumann-Frequenzen nennt man die Eigenresonanzen, die in der Ionosphäre entstehen. Die Frequenz beträgt 7,83 Hz. Der Biophysiker Dr. rer. nat. W. Ludwig hat festgestellt, dass die Hauptkommandozentrale unseres Gehirns, der Hippocampus / Hypothalamus, mit der gleichen Frequenz von 7,8 Hz schwingt. In der Entspannung, z.B. durch Meditation, kann ein Mensch in den Bewusstseinszustand von 7,8 Hz kommen.

Aus dieser Website zitiere ich nachfolgende Auszüge:

„Sobald sich Schumann-Wellen durch Resonanz bis zu einer genügenden Intensität hochgeschaukelt haben, können sie gigantische Wellenfronten bilden. An ihnen prallen Hoch- oder Tiefdruckgebiete einfach ab. Auf diese Weise bleiben sie lange Zeit ortsfest. Die Folgen: In der betroffenen Region kommt es entweder zu einer langanhaltenden Dürre oder zu wolkenbruchartigen Regenfällen und Überschwemmungen."

Die Website zitiert aus der Zeitung der Tagesspiegel vom 02.04.1998, dass brasilianische Ureinwohner mit Ritualen mehrfach Regen herbeigerufen haben. Durch einen Regentanz sollen sie sogar ein verheerendes Buschfeuer gestoppt haben. Vier Stunden nach dem Tanz hätte es dann geregnet. „Der Gouverneur des zuständigen Bezirks hatte bis dahin mit knapp 100 Mann vergeblich gegen das Flammenmeer angekämpft. Der Häuptling erzählt: "Zunächst haben wir einen Xapori, also einen Geist, angerufen, um den Rauch zu verjagen, der unsere Kinder krank macht. Dann haben wir einen weiteren gegen das Feuer selbst und dann einen dritten angerufen, damit er uns "maa" – Regen – schickt."

Es wird dann die Frage offengelassen, ob es sich bei diesem spektakulären Ereignis um Zufall oder um die willentliche Beeinflussung der Natur handelt. Forscher, so heißt es weiter, vermuten einen Zusammenhang der Schumann-Frequenz mit dem Tun der Ureinwohner. Die Schumann-Frequenz soll Einfluss auf das Wetter haben. „Wenn genügend Menschen an einer Stelle meditierten, entstünde lokal eine enorme Menge an Schumann-Frequenz. Diese strahlte aus und könnte so tatsächlich das lokale Wetter beeinflussen."

Diese Auszüge aus der genannten Website sollen einen Eindruck vermitteln, dass wir Menschen, nicht nur die Naturvölker, über Kräfte verfügen, die unsere normalen Vorstellungen und Erfahrungen übersteigen. Es sei auch an die Heilungen von Lourdes erinnert, die mit unserer uns bekannten Naturwissenschaft und Medizin nicht zu erklären sind.

Rolf Kepler veröffentlicht auf seiner Website (**www.rolf-kepler.de**) unter „Religion" und „Sichtbarmachung gedanklicher Wirkungen" einen Artikel von Rudolf Passian, in dem das Gebet von einem wissenschaftlichen Parapsychologen beleuchtet wird.

Ich zitiere hieraus nachfolgenden Auszug unter der Überschrift „Gebündelte Gebetsenergie":

„Welch starke Energiefelder in einer Räumlichkeit durch gemeinsame Gebete entstehen können, zeigten Messungen in der Kirche des Wallfahrtsortes Medjugorje.

Der US-Professor Boguslav Lipinski von der Universität Boston nahm dort Messungen mit einem Spannungsmesser vor, wie er auch in der Kernphysik verwendet wird als Dosimeter für ionisierende Strahlungen (Radioaktivität). Diese Strahlung wird in Milli-Rem (mR) gemessen.

Während der Gottesdienste in amerikanischen Kirchen konnten mit diesem Gerät 20 bis 70 mR gemessen werden. In Medjugorje jedoch wurden während bestimmter Gebete sage und schreibe 100000 mR (pro Stunde) registriert. Menschen, die dort häufig die Messe besuchen, müssten an den Nachwirkungen dieser hohen ionisierenden Strahlung zugrunde gehen. Da das jedoch nicht geschieht, sieht man sich zu der Annahme genötigt, dass die Gebetsenergie anderen Ursprungs sein muss, sagen wir spirituellen Ursprungs."

Dieser Artikel von Rudolf Passian ist sehr empfehlenswert. Im Internet werden sicher noch viele andere Beispiele für die Kraft des Gebets zu finden sein.

Wer mehr aus seinem Leben machen möchte als bisher, sollte sich für mögliche Wunder öffnen oder zumindest kleine Wunder oder Gottes Segen für möglich halten.

Grundsätzlich sollte ein Gebet selbstlos, also uneigennützig sein, z.B. zum Wohle der Gemeinschaft, für die Bewahrung der Schöpfung, auch für die nächsten Angehörigen. Selbstlos zu handeln bedeutet auch, für sein Handeln keinen Dank und keine Anerkennung zu erwarten.

Man betet in der Regel für etwas. Das Gebet sollte nicht gegen etwas gerichtet sein, z.B. gegen eine Ungerechtigkeit oder die Abwehr von Schaden für die Gemeinschaft oder auch Gewinn für sich selbst. Man kann um Schutz und Hilfe für sich (auch für die Gemeinschaft) in bestimmten Situationen bitten, mit dem Zusatz „so es gut für meine Seele (gut für die Menschen in der Gemeinschaft und deren Seelen) ist und Herr dein Wille geschehe." Man kann auch für das Wohl der Natur beten. Es kommt letztlich auf die zugrunde liegende Motivation an. Bei einer Fürbitte für Gerechtigkeit ist zu bedenken, dass Gottes Gerechtigkeit nicht immer auch menschliche Gerechtigkeit bedeutet.

Über den Autor

Der Name des Autors ist ein Pseudonym. Der Autor wurde in Berlin geboren. Er studierte an der Technischen Universität Berlin-Charlottenburg Betriebswirtschaft.

Nach der Sammlung einiger Berufserfahrungen war er in international renommierten Unternehmen als Manager tätig, zum Teil auf Geschäftsleitungsebene.

Später arbeitete er als Unternehmensberater mit dem Schwerpunkt Mitarbeiterführung. Während seiner aktiven Berufszeit schrieb er drei Fachbücher und veröffentlichte mehr als 120 Fachartikel. Er hielt Fachvorträge auf Kongressen.

Der Autor lebt seit vielen Jahren im Süden von Bayern.

Bitte um Vergebung

Ich habe als Autor dieses Buch nach bestem Wissen und Gewissen verfasst auf der Basis der Informationsquellen, die mir zur Verfügung standen und aufgrund eigener Erfahrungen. Darauf habe ich meine Schlussfolgerungen, Behauptungen und Meinungen aufgebaut. Falls dieses Buch trotz größter Sorgfalt Fehler oder Unwahrheiten oder unberechtigte Meinungen und Behauptungen enthält, die gegen Gottes Gesetze verstoßen, bitte ich alle Leserinnen und Leser um Vergebung dafür.

Meine Erklärungen zur Heilung stellen keine Anleitung für Leser*innen dar. Ich schildere nur meine eigenen Erfahrungen. Wer meine Erfahrungen ohne ärztliche Beratung und Begleitung für sich anwendet, tut dies auf eigene Gefahr. Ich übernehme keine Haftung für die Übertragung meiner Heilmaßnahmen auf Leserinnen und Leser in ihrer persönlichen Situation.

WANN UND WARUM BETEN MENSCHEN?

Das individuelle Gebet

Meine Erinnerung als 87-Jähriger versagt, wenn ich zurückdenke, ob ich als kleines Kind gebetet habe oder ob meine Eltern mit mir gebetet haben. Meine Eltern hielten sich für Christen. Ihr Denken und Handeln war auch christlich. Sie haben meinem Bruder und mir vorgelebt, sich moralisch und ethisch einwandfrei zu verhalten.

Meine Mutter hat niemals etwas Negatives oder Böses über andere Menschen gesagt. Meine Eltern gingen jedoch nie in die Kirche zum Gottesdienst. Es wurde mit Sicherheit kein Tischgebet gesprochen, wie es oft in amerikanischen Filmen zu sehen ist.

Dennoch habe ich gesehen, wie meine Mutter betete. Immer wenn ein Gewitter über unserem Haus oder in der Nähe tobte, betete meine Mutter. Sie hatte ihre Kleider angezogen und saß auf ihrem Bett, mit einem kleinen Koffer in der Hand, in dem offenbar die wichtigsten Dinge waren.

Soviel hatte ich von meiner Mutter und aus früheren Erfahrungen gelernt, dass es zu meinem Besten ist, indem ich seit vielen Jahren jede Nacht vor dem Einschlafen bete. Ich bitte darum, dass Gott, mein Vater im Himmel, unsere Wohnung, unsere gesamte Wohnanlage und alle Häuser und Wohnungen ringsumher, in seinen Schutzmantel der Liebe, des Friedens und der Sicherheit einhüllen möge und seine Hand schützend über uns und alle Nachbarn halten möge, so es sein Wille ist. Bisher ist auch kein Schaden eingetreten. Unwetter kamen und gingen. Die Hand Gottes schützte uns.

Menschen können auch beten, dass ihr Arbeitsplatz ihnen erhalten bleibt. Aber wenn das Unternehmen in Schieflage geraten ist, durch Fehler des Managements und meist auch durch zu geringes

Engagement der Mitarbeiter, dann hilft auch Beten nicht mehr. Das sich ankündigende Gruppenschicksal muss erlitten werden.

Man kann Gott bitten, einem zu helfen, einen neuen Job zu finden. Bietet der Jobsucher dem Unternehmer seine Fähigkeiten an und verspricht, seine bestmögliche Leistung zu erbringen, und denkt er dabei nicht zuerst an den gewünschten Lohn, so wird er einen neuen Job erhalten.

Es wichtig, nicht zuerst an den eigenen Vorteil zu denken, sondern zuerst dem Arbeitgeber einen möglichst hohen Nutzen zu bieten. ‚Zuerst Geben ist seliger als zuerst Nehmen.‘ Die Goldene Regel in Matthäus 7,12 kann auch so verstanden werden: „Was du von anderen erwartest, das tue du ihnen zuerst". Aus dem antiken Rom stammt die lateinische Formel „do ut des", was übersetzt heißt: „ich gebe, damit du gibst". Im heutigen Rechtswesen ist damit gemeint, dass jemand für seine Leistung eine Gegenleistung erwarten kann.

Selbstlose Gebete sind meist hilfreich. Egoistische Gebete sind selten erfolgreich. Sie laden eher den Widersacher Gottes ein, das Gewünschte herbeizuführen, der aber dafür seinen Preis verlangt. Man denke dabei an Faust, der an Mephisto seine Seele verkaufte.

Ich bin mehreren Menschen begegnet, die arbeitslos geworden waren und die dann Gott um einen neuen Job gebeten hatten. Sie erhielten den neuen Job. Auf einer mir zugesandten Cassette berichtete ein britischer Pfarrer, dass er mit seiner gesamten Gemeinde darum betete, dass die 27 Arbeitslosen seiner Gemeinde einen neuen Job finden. In spätestens einem Jahr hätten dann alle 27 Arbeitslosen einen neuen Job gehabt. Dieses Beispiel bedeutet, dass Gott hilft, zum Teil sofort bis kurzfristig. Aber manchmal braucht der Betende auch einige Geduld. Im Reich Gottes gibt keine Zeit.

Vielleicht ist die Geduld auch nötig bei Menschen, denen es bisher an der nötigen Demut fehlte, ihr Schicksal, ihr Leben, ihre Wünsche, in die Hand Gottes zu legen mit dem Gebet: „Vater im Himmel, richte es mit meinen Wünschen und Bedürfnissen so, wie es gut für meine Seele ist".

Die Voraussetzung dafür, dass ein Gebet wirkt ist, dass der Betende eine große Liebe zu Gott hat und einen starken Glauben an seine Kraft, Allmacht, Liebe und Hilfe. Unerlässlich ist auch, dass vor dem Gebet die Barriere zwischen dem Betenden und Gott beseitigt wird durch den Vergebungsprozess.

Matthäus 6,14-15: „Denn wenn ihr den Menschen ihre Verfehlungen vergebt, dann wird euer himmlischer Vater auch euch vergeben. Wenn ihr aber den Menschen nicht vergebt, wird euch euer Vater eure Verfehlungen auch nicht vergeben."

Der Beter bittet alle Menschen um Vergebung, denen er jemals Leid zugefügt oder Unrecht angetan hat und vergibt seinerseits seinen Nächsten, die ihm Leid oder Unrecht zugefügt haben. Wichtig ist, dass bei der Vergebung nicht mit dem Reden oder Handeln des anderen aufgerechnet wird („der hat mich gereizt" oder „der hat Mitschuld" oder so ähnlich). Das würde die Vergebung unwirksam machen. Unerlässlich ist bei der Vergebung die tiefe Herzensreue. Fehlt die Herzensreue oder wird mit der Schuld des anderen aufgerechnet, so ist die Vergebung wirkungslos.

Im Vergebungsprozess, richtig ausgeführt, wird die Schuld, die Sünde, die man sich aufgeladen hat, gelöscht (in positive Kraft umgewandelt). Das ist vergleichbar mit einer Entgiftung von Körper, Seele und Geist. Alles Negative, das von uns ausgeht, strahlt auch in die Gehirnzellen und die Zellen unseres Körpers sowie in die Organe und vergiftet sie. Deshalb ist der Vergebungsprozess auch so wichtig für die Erhaltung unserer Gesundheit. Wo wir noch Wiedergutmachung zu leisten haben und können, ist das zu tun.

Ich hatte mich in meinem Leben und speziell in meinem Berufsleben zunächst immer bemüht, mich moralisch und ethisch einwandfrei zu verhalten, ohne anfangs an Gott und Gottes Wirken zu denken und ohne Gottes Hilfe zu erbitten.

Dennoch hatte mich Gottes Führung in jungen Jahren trotz diverser Widrigkeiten in hohe Berufspositionen gebracht. Dazu ein Beispiel: Ich war ausersehen worden, der Nachfolger meines Chefs, Einkaufsdirektor von drei deutschen Tochtergesellschaften des britischen Dunlop-Konzerns zu werden. Da ich erst 32 Jahre alt war, entschloss sich der Generaldirektor, für 2 Jahre übergangsweise den britischen Einkaufsdirektor der Dunlop-Reifenfabrik in Brasilien nach Deutschland zu holen, dessen Stellvertreter ich werden sollte.

Für diese Führungsperson und dessen Familie hatte ich eine Wohnung zu besorgen. Doch ehe es zum Abschluss des Mietvertrags für die Wohnung kam, wurde der Einkaufsdirektor aus Brasilien nervenkrank und konnte die vorgesehene Position nicht übernehmen. Die Geschäftsleitung suchte mit einem Headhunter nach einem Ersatz für ihn. Man kam zu dem Schluss, dass alle ausersehenen Bewerber nicht die Fähigkeiten hatten, die man bei mir erkannt hatte. Ich wurde dann mit 32 Jahren der Nachfolger meines Chefs.

In ähnlicher Weise kam ich später zu meinem Job als Einkaufschef von Porsche in Stuttgart, wo ich „undankbar" die Berufung in den Vorstand nicht annahm und zu einem anderen Unternehmen wechselt. Das und späteres Fehlverhalten rächte sich.

In dem anderen Unternehmen verlor ich meine Demut und es passierte, dass ich einen Kollegen in der Geschäftsleitung abwertete, was ich früher noch nie getan hatte. Das führte letztlich mit anderen Faktoren zu meinem Sturz.

Im weiteren Verlauf meines Berufslebens und nach dem Umzug in eine andere Stadt gab ich aufgrund eines nicht lösbaren Problems meinen Geschäftsführungsjob auf und wurde arbeitslos. Meine Familie wollte nicht, dass ich einen Job in einer anderen Stadt annehme, weil die Kinder nicht schon wieder die Schule wechseln wollten.

Ich entschied mich, Unternehmensberater zu werden. Aber mir fehlte vieles von dem, was mich hätte erfolgreich machen können. Ich lernte nun wieder, demütig zu werden und mein Schicksal in die Hand Gottes zu legen. Ich erhielt von Gott die notwendige Führung, um soviel Einnahmen zu erzielen, dass ich meine Familie mit allen Kosten ernähren konnte.

Neben unserem Haus in Würzburg besaßen wir eine Ferienwohnung im Allgäu. Oft waren wir finanziell an der Grenze, dass wir besser die Ferienwohnung hätten verkaufen sollen. Aber Gott wollte das nicht. Es gab z.B. mal die Situation, dass meine Frau und ich nachmittags bei einer Tasse Tee saßen und uns besorgt fragten, wie ich zu neuen Aufträgen kommen könnte. Da klingelte plötzlich das Telefon und einer meiner Seminarteilnehmer fragte, ob ich noch Termine frei hätte, was ich bejahte. Daraufhin erhielt ich eine Fülle von Aufträgen, die den Lebensunterhalt für die nächsten Monate sicherten. Ähnliches passierte immer wieder.

Wenn hier immer von Gott die Rede ist, so ist damit auch die Beziehung zu Christus, dem Sohn Gottes, gemeint, denn Christus sagt: „Der Vater und ich sind eins, ein Geist und eine Kraft".

Die Hilfe für uns Menschen kommt auch oft von unserem Schutzgeist.

Je mehr ich mich Gott zuwandte und immer wieder um Beistand, Hilfe und Führung bat, desto häufiger erlebte ich Gottes Führung. Wenn ich aufgrund von Verärgerung über meinen Nächsten etwas Sündhaftes gegen ihn vorhatte, funktionierte z.B. mein Faxgerät oder mein Drucker nicht. Stunden später funktionierten die Geräte wieder einwandfrei. Mehrmals konnte ich im Internet trotz vielfacher Versuche nicht das Gewünschte bestellen. Ich erkannte dann, dass ich etwas bestellen wollte, was ich offenbar nicht brauche, weil es mir nicht den gewünschten Nutzen bringen würde. Dafür war ich schließlich sehr dankbar.

Wenn ich mit dem Auto zu einem Ziel fahren will, bete ich einige Stunden vorher, meist morgens, darum, dass der Herr mein Auto und mich, ggfs. mit meiner Begleitung, in seinen Schutzmantel der Liebe, des Friedens und der Sicherheit hüllen möge. Ich bin mir daraufhin sicher, dass ich keinen Unfall erleiden werde.

Auch wenn ich einen Parkplatz für mein Auto brauche, bitte ich mindestens eine Stunde vorher die geistige Welt um Hilfe, mir mit meinem Auto einen für mich gut geeigneten Parkplatz am Zielort zu verschaffen mit dem Zusatz „Herr dein Wille geschehe". In wahrlich etwa 90 Prozent aller Fälle steht bei Ankunft ein Parkplatz für mich bereit, falls ich nicht zu früh oder zu spät ankomme.

Als ich noch in einem kleinen Ferienort im Allgäu wohnte, bat ich am Tag des Einkaufs im Supermarkt bei angesagtem Regen darum, dass es während der Zeit meines Einkaufs nicht regnen möge. Das war fast immer erfolgreich. Leser/innen mögen dieses Beispiel trivial finden. Aber Gott macht keinen Unterschied, ob es sich um kleine oder große Bitten handelt. Er ist immer bereit, seinen Menschenkindern zu helfen, die seinen Willen erfüllen, also Gottes Gesetze (10 Gebote, Bergpredigt Jesu) beachten. Gott ist unbegrenzte Liebe. Er möchte, dass es seinen Menschenkindern gut geht, dass sie glücklich sind.

Gebete für Gesundheit, für die Beseitigung einer Krankheit, können daher eher erfolgreich sein, wenn mehrfach der Vergebungsprozess gemacht wird. Es sollte auf Gottes Hilfe und Stärkung vertraut werden, dass die Erkrankung verschwindet. Man sollte auch ärztliche Hilfe in Anspruch nehmen und dafür beten, dass Gott den Arzt leite, für den Kranken die beste Diagnose und Therapie zu finden.

Dazu gehört, dass man sein Leben, seine Lebensweise, entsprechend ändert. Eine Herz-Kreislauf-Erkrankung wird auch trotz Gebeten nicht verschwinden, wenn man weiterhin viel Fleisch und anderes Tierisches isst, womit der Körper übersäuert wird und die Adern mit Cholesterin verklebt werden, die Knochen entkalkt werden.

Im „Gebet des Vaterunser" heißt es: „unser tägliches Brot gib uns heute." Eine dem Willen Gottes gemäße Ernährung ist im Sinne Gottes auch ein Gebet. Das Töten von Tieren und das Essen von deren Kadaver entspricht nicht dem Willen Gottes. Wenn wir den Tieren Leid zufügen, indem wir sie töten und verzehren, so werden sie uns später Leid zufügen, indem wir an dem erkranken, was wir von ihnen gegessen haben. Mit ihrem Fleisch essen wir auch ihre Schwingungen der Angst vor dem Töten und des Schmerzes und die im Fleisch enthaltenen giftigen Substanzen. Diese negativen Schwingungen und Gifte beeinflussen auf Dauer unsere Körperzellen und Organe.

Eine verstorbene Frau und ich waren seit mehr als 30 Jahren Vegetarier und lebten zum Teil auch vegan. Unsere Körper hatten kein Übergewicht. Untersuchungen unseres Bluts zeigten hervorragende Werte auch im Alter.

Die richtige Ernährung allein ist keine Garantie für Gesundheit und ein langes Leben. Meine Frau erkrankte mit 81 Jahren und verstarb mit 83 Jahren, weil sie ihren Lebens-Sinn verloren hatte und ich hatte es nicht wahrgenommen.

Mein Herz-Kreislauf-System ist in Ordnung. Außer Nahrungsergänzungsmitteln nehme ich bei körperlichen Beschwerden nur homöopathische Mittel und verzichte weitestgehend auf chemische Medikamente, die ich möglichst schnell absetze.

Man kann so gut leben, aber muss es auch nicht. Jeglicher Fanatismus und jegliche Askese sind nicht im Willen Gottes. Jeder kann so leben wir möchte, muss aber auch die Verantwortung dafür tragen. Gott möchte, dass wir bei der Ernährung und in anderen Lebensbereichen maßhalten. Auch damit beten wir Gott an. Bei der Ernährung maßvoll zu sein, dient zudem unserer Gesundheit.

Vor Operationen kann man beten, dass die Ärzte und Helfer bei der Operation beste Arbeit leisten und dass die Operation gut gelingen möge, so Gott es will. Man betet, dass Gott die Ärzte und Helfer bei der Operation lenken möge, das Beste für den Patienten zu tun.

Es empfiehlt sich, vor Besuchen eines Arztes ihn und seine Mitarbeiterinnen zu segnen. Dazu sollte man Gott bitten, dass er den Arzt und seine Helferinnen leiten möge, mit bestem Fachwissen und Engagement für den Patienten die bestmögliche Diagnose zu stellen und die bestmögliche Therapie zu empfehlen oder durchzuführen. Nach erfolgtem Arzt-Besuch sollte man neben dem Arzt und seinem Team auch Gott für seine Hilfe danken. Gott gibt uns viele Gelegenheiten, bei denen wir ihm für seine Liebe, Hilfe und Gnade danken können.

Wenn wir vor dem Einschlafen unseren Nächsten um Vergebung bitten für unsere Lieblosigkeit oder ähnliches Sündhaftes ihm gegenüber und auch ihm vergeben, schlafen wir ruhiger und tiefer. Wir haben am nächsten Tag mehr Energie.

Ein Mann kann Gott um Hilfe bitten, die für ihn passende Ehepartnerin zu finden, so wie es gut für seine Seele und gut für ihre Seele ist. Ebenso kann eine Frau so den für sie passenden Ehepartner finden.

Kann man Gott bitten, im Lotto zu gewinnen? Ich selbst habe oft genug gebetet: ‚Jesus Christus, ich möchte in der Lotterie viele Millionen gewinnen, um damit vielen Menschen Gutes zu tun. Damit mir nicht vom Satan ein Gewinn gegeben wird, betete ich: 'Jesus Christus, ich möchte im Lotto gewinnen, doch allein dein Wille geschehe. Ich möchte kein Geschenk vom Widersacher Gottes'. Was war das Ergebnis? Ich habe nie etwas gewonnen. Und ich bin glücklich darüber.

Ich möchte meine Seele nicht dem Gegner Gottes verpfänden, auch nicht für das größte Vermögen in dieser Welt.

Irgendwann habe ich einmal gelesen, dass Gott möchte, dass wir unseren Lebensunterhalt durch fleißige Arbeit, durch eigene Leistung, verdienen. Er möchte nicht, dass wir viel Geld ohne eine eigene Leistung oder Arbeit erhalten. Ich weiß nicht, ob diese Behauptung richtig ist, aber sie klingt plausibel.

Wenn jemand in finanzielle Not geraten ist, kann er natürlich Gott um Hilfe bitten. Er wird aber alle notwendigen Maßnahmen ergreifen müssen, um aus der Notlage herauszukommen. Er kann also nicht weiterhin Schulden machen, um sich Dinge zu kaufen, an denen er sich erfreuen will. Eine alte Volksweisheit sagt: „Tu' du das deine, dann tut Gott das seine".

Als Allgeist ist Gott in jedem Menschen und in jedem Mineral, jeder Pflanze und jedem Tier. Er ist allgegenwärtig in allem und in allen. Er dient uns. Gott möchte, dass seine Menschenkinder fröhlich und glücklich sind. Er möchte, dass sie alle ihre Schwierigkeiten und Probleme mit seiner Hilfe und Kraft meistern.

In der Bibel heißt es in Matthäus 7, 7-8 zum Vertrauen beim Beten: ‚Bittet, dann wird euch gegeben; sucht, so werdet ihr finden; klopft an, dann wird euch geöffnet. Denn wer bittet, der empfängt; wer sucht, der findet; und wer anklopft, dem wird geöffnet.'

Hier wird nichts über große und kleine Anliegen geschrieben, auch nicht über große oder kleine Bitten. Wir können und sollen Gott oder Jesus Christus in allen Situationen unseres Lebens um Hilfe bitten und um Führung. Das ist der Wille Gottes.

Gebete sollten auch zum Nutzen von anderen Menschen, Tieren und Pflanzen und der gesamten Natur sein. Wir sollten daher auch für den Frieden in der Welt beten und für den Frieden mit unserem Nächsten. Das macht aber nur Sinn, wenn wir selbst in unserem Herzen und unserem Tun den Frieden zu unserem Nächsten haben oder uns zumindest darum ehrlich bemühen. Es gibt leider Fälle, wo der Nächste, unser Nachbar, gar keinen Frieden mit uns haben will. Hier kommt es darauf an, dass wir in unseren Gefühlen, Gedanken und unserem Handeln die Absicht des Friedens leben, unabhängig von dem, was der Nachbar tut.

Bei allen Vorhaben und Zielen sollten wir Geduld haben. Gottes Wirken braucht manchmal länger, als wir es uns wünschen. Gott wirkt durch unseren Nächsten. Wir sollten nicht verzweifeln, wenn es etwas anders kommen sollte, als wir es gewollt hatten. Oft gilt das Sprichwort: „Geht eine Tür zu, geht eine andere Tür auf".

Wir sollten überzeugt sein, dass Gott alles tut, was zum Besten für unsere Seele und für unser irdisches Leben ist. Gott ist die Fülle! Er gibt seinen ihn liebenden Kindern alles, was sie zum Leben brauchen und oft auch etwas mehr als das Notwendige.

Wir sollten immer wieder Gott für seine unendliche Liebe und Hilfe danken, auch für Freud und Leid. Denn auch im Leid liegt eine Botschaft für uns.

Wichtig für die Erfüllung von Gebeten ist, dass wir den Willen Gottes tun. Warum sollte Gott uns helfen, wenn wir seine göttlichen Gesetze missachten würden?

PERSÖNLICHE ERFAHRUNGEN MIT DEM GEBET

Ich bin kein Religionsexperte und ich halte mich auch nicht für besonders fromm im Sinne der christlichen Lehre. Meine Karriere in der Wirtschaft führte mich sogar weg von Gott, ohne dass es mir bewusst wurde. Ich vertraute allein meinen Fähigkeiten und meiner Leistung. Dann musste ich erleben, dass mir diese Fähigkeiten im Falle von Intrigen nichts nützten.

Im Laufe meines Lebens habe ich durch persönliche Niederlagen, die nicht vorhersehbar waren, über die Esoterik und den Buddhismus wieder zu meinem Gott des Christentums zurückgefunden. Mit Demut habe ich mein Schicksal angenommen. Ich hatte mich dann entschieden, mein weiteres Leben mit Gott zu gehen. Das hat mir das wahre, innere Glück gebracht. Meine Ehefrau hat mich auf allen Wegen in Glück und Unglück, auf Höhen und in Tiefen, begleitet. Sie hat immer zu mir gehalten und hat sich nie beklagt, als wir unseren Lebensstil etwas einschränken mussten. Aber es hat uns wirklich nie etwas gefehlt. Gott hielt sein Versprechen. Er gab uns immer, was wir brauchten und darüber hinaus.

Wie nützlich ein Gebet sein kann, erlebte ich erstmals im Alter von etwa 17 Jahren.

Als Schüler auf der Oberschule waren meine Leistungen viele Jahre lang gerade ausreichend. Meine Eltern waren deshalb sehr in Sorge. Dann wurde ich durch ein sehr fleißiges Mädchen, meine Freundin, angeregt, bessere Leistungen bringen zu wollen. Ich wandte mich Gott zu, der mich viele Jahre lang nicht interessiert hatte.

Ich ging nun jeden Sonntag in die Kirche und betete darum, bessere Klassenarbeiten zu schreiben. Es dauerte nicht lange und die meisten Noten meiner Klassenarbeiten waren gut. Innerhalb eines Jahres verbesserte sich der Durchschnitt meiner Benotungen von vorher

„meistens ausreichend und in wenigen Fächern befriedigend" auf „meistens gut und in wenigen Fächern befriedigend". Meine Klassenlehrerin war über meine Leistungssteigerungen höchst erstaunt. Gott hatte mir geholfen. Er hatte mich gelehrt, dass ich mehr Zeit in das Lernen und Üben investieren sollte. Ich hatte jetzt aber auch mehr Freude am Lernen und Üben.

Ein an ein Wunder grenzendes Erlebnis hatte ich mit 32 Jahren, als ich gegen alle Widrigkeiten zum Einkaufschef – Hauptabteilungsleiter mit Prokura und Dienstwagen - von drei deutschen Tochtergesellschaften eines internationalen Konzerns befördert wurde. Das hatte ich schon im Kapitel „Das individuelle Gebet" beschrieben.

Ich blieb aber nicht lange bei dieser Firma, weil sie mich insgesamt zu niedrig bezahlte (wegen meiner Jugend). Ein Headhunter holte mich zu einem anderen sehr renommierten Unternehmen, bei dem ich später sogar einen Vorstandsposten ausschlug. Ein wechselvolles Leben begann mit vielen interessanten Erfahrungen.

Ein anderes Beispiel.

Vor sehr vielen Jahren musste ich mich in einer fremden Stadt um einen Job bewerben. Ich fuhr mit meinem Auto zu dieser Stadt. In der Nacht wollte ich in dem in der Mitte der Stadt gelegenen Hotel übernachten. Ich hatte um Hilfe gebeten, dass Gott mich dorthin sicher begleitet. Weit vor der Stadt musste ich in der Nacht von der Autobahn abbiegen. Die Straße gabelte sich. Ich wusste nicht, welche Richtung ich nehmen sollte.

Ich konnte bei der Dunkelheit auch schlecht sehen. Ich hielt an, machte innen Licht an, um auf einer Landkarte nachzusehen. Da klopfte es an meiner Autoscheibe. Ich öffnete das Fenster. Ein Motorradfahrer hielt neben mir an. Er fragte, ob er helfen könne. Ich erklärte ihm, wo ich hinwollte. Da sagte er, dass das Hotel auf seinem Wege liegen würde. Er empfahl mir, ihm nachzufahren. Er führte mich vor das gesuchte Hotel. Das war eine wunderbare Erfahrung für mich.

Wenn im Fernsehen für den nächsten Tag Regenwetter angesagt ist, meine Frau aber Einkaufen fahren will, bete ich: „Vater im Himmel, hilf, dass meine Frau morgen von 9 Uhr bis 10:30 Uhr bei trockenem Wetter ihre Einkäufe erledigen kann. Doch Dein Wille geschehe." In den meisten Fällen hört der Regen vorher auf, bevor meine Frau zum Einkaufen fährt oder es regnet an diesem Vormittag nicht. Natürlich hat mein Gebet keine Chance, wenn es an diesem Tag wie mit Wasserkübeln vom Himmel schüttet. Dann müssen wir erkennen, dass meine Frau einen günstigeren Tag für ihre Einkäufe wählen soll. Oft genug erhält meine Frau an einem Regentag genau das Zeitfenster von 1,5 Stunden, das sie für ihre Einkäufe braucht, in dem es gerade nicht regnet.

Das Gebet wirkte kürzlich nicht, weil meine Frau und ich am Abend zuvor einen kleinen Streit hatten. Wenn unser Gebet Erfolg haben soll, sollten wir mit uns und unserem sozialen Umfeld in Harmonie und Frieden sein.

Auch bei Wanderungen haben meine Frau und ich die Erfahrung gemacht, dass es in den meisten Fällen für die vorher geplante Zeit der Wanderung nicht regnet, wenn wir vorher darum gebetet hatten. Überschritten wir jedoch die geplante Zeit, so kamen wir für diesen Zeitabschnitt oft genug in den Regen.

Es ist wichtig, seine Wünsche bei Gott rechtzeitig anzumelden. Die für Gott wirkenden Geistwesen der Himmel brauchen eine gewisse Zeit, um die gewünschten Bedingungen zu schaffen. Wichtig ist, am Ende jeden Gebets zu sagen „Herr Dein Wille geschehe". Gott liebt seine Menschenkinder, aber er möchte, dass es in erster Linie ihrer Seele gut geht, die das ewige Leben in sich trägt. Mit der Bitte „Dein Wille geschehe" ist gemeint, dass er im weltlichen Bereich nur das für mich tut, was gut für meine Seele ist. Ich möchte nicht mit einem

Wunsch meine Seele belasten, mit dem ich mich zum Beispiel im irdischen Leben auf Kosten meines Nächsten bereichern würde.

Bei Gebeten ist es wichtig, nicht zuerst an den eigenen Vorteil zu denken. Zuerst Geben ist seliger als zuerst Nehmen. Selbstlose Gebete sind meist hilfreich. Egoistische Gebete laden den Widersacher Gottes ein, das Gewünschte zu erreichen. Damit unterwirft sich der Betende jedoch dem Satan.

Gott hilft manchmal auf unerwartete Weise, indem er in die Materie eingreift. Vor vielen Jahren hatte ich aus verschiedenen Gründen gerade meinen Job aufgegeben. Ich war arbeitslos. Daher wollte ich mich an einem Unternehmen der Medizintechnik beteiligen, das etwa 70 Kilometer von meinem Wohnort entfernt war. Meine Frau und ich wollten dazu unser Haus beleihen. Das Unternehmen musste mit Geld vor dem Konkurs gerettet werden. Es wurde ein Termin mit einem Notar in dieser entfernten Stadt vereinbart.

An diesem Tag wollten meine Frau und ich mit dem Auto meiner Frau zu dem Termin beim Notar fahren. Beim Starten merkte ich, dass am Auto meiner Frau der Auspuff defekt war.

Ich fuhr jetzt zu dem Autohändler, bei dem ich vor 2 Tagen eine gebrauchte Limousine (meinen bisherigen Dienstwagen) bestellt hatte. Ich gab den Wagen meiner Frau zur Reparatur und fuhr mit der Limousine los. Unterwegs stellte ich fest, dass kaum noch Benzin im Tank war. Ich fuhr zur Tankstelle und tankte. Dann fuhr ich weiter.

Etwa 200 m weiter stellte ich fest, dass der Tank immer noch leer war. Ich fuhr wieder zur Tankstelle zurück. Dort zeigte sich, dass trotz hoher Rechnung für Benzin kein Benzin in den Tank geflossen war. Die Reklamation wurde behoben. Es wurde nun der Tank des Autos gefüllt.

Als meine Frau und ich mit Verspätung beim Notar eintrafen, konnte die Übertragung der 50 Prozent der Unternehmensanteile an uns nicht erfolgen. Der Verkäufer dieses Unternehmensanteils, der frühere Steuerberater des Unternehmensgründers, kam erst 2 Stunden nach dem vereinbarten Termin an. Sein BMW war auf der Autobahn wegen Mangels an Öl liegen geblieben.

Alle diese abnormalen Ereignisse sollten uns warnen. Wir sollten die Beteiligung an dem Unternehmen nicht kaufen. Wir erkannten damals die Warnungen der geistigen Welt nicht. Unsere weltlichen Wünsche und Erwartungen waren stärker. Die Zusammenarbeit mit dem Gründer des Unternehmens und neuem Partner erwies sich später als sehr schwierig und kostspielig und musste aufgegeben werden.

Als Unternehmensberater hatte ich eine Phase, in der ich ohne Aufträge zu Hause saß. Wir beteten. Dann kam plötzlich an einem Nachmittag, als wir unseren Tee genossen, ein Anruf eines Interessenten. Er fragte, ob ich noch Termine frei hätte. Das bejahte ich. Er gab mir dann eine ganze Reihe von Terminen für Seminare für die Mitarbeiter seines Unternehmens. Unser Einkommen war für längere Zeit gesichert.

Ein anderes mir bekanntes Beispiel für das Wirken Gottes. In zwei Gerichtsverfahren eines mir bekannten Klägers vor dem Oberlandesgericht ging es um verschiedene Streitfragen aufgrund von Ungerechtigkeiten seitens von Miteigentümern. Im ersten Verfahren (für 2006) lag ein Gutachten vor mit einem Zertifikat einer Prüfstelle. Beim zweiten Verfahren (Folgejahr 2007) wurde beim OLG auch das Gutachten eingereicht, aber ohne das Zertifikat, weil es ja schon für 2006 eingereicht wurde.

Bei der Beschwerde für das Jahr 2006 machte der Anwalt einen Fehler. Der Kläger entdeckte den Fehler. Der Anwalt korrigierte seinen Beschwerdeantrag. Das führte jedoch dazu, dass die Beschwerde für 2007 zuerst ein Aktenzeichen erhielt, eine niedrigere Nummer als die Beschwerde für 2006. Die Reihenfolge war nun falsch.

Das OLG stellte für 2007 fest, dass dem Gutachten das Zertifikat fehlte. Es entschied, dass die Angelegenheit erneut vom Landgericht zu bearbeiten sei, indem es erneut ein Gutachten mit anderer Fragestellung einzuholen hat. Als das OLG die Beschwerde 2006 bearbeitete, musste es im gleichen Sinne entscheiden. Wäre es nach der zeitlich richtigen Reihenfolge gegangen, hätte der Kläger beide Verfahren verloren.

Das Ergebnis war später ein Vergleich vor dem Landgericht mit den Gegnern, bei dem im Wesentlichen alle Ungerechtigkeiten für den Kläger beseitigt wurden. Eine winzig kleine Änderung bewirkte am Ende, dass der Kläger weitgehend zu seinem Recht kam.

Bei manchen Problemen geht Gott Umwege, die wir Menschen mit unserer Ungeduld nicht erkennen.

Das Beispiel zeigt, dass wir der geistigen Welt auch einige Zeit lassen müssen, um die Bedingungen zu schaffen, dass ein Gebet erfüllt werden kann. Gleiches zeigte sich in einem anderen Fall.

Vor vielen Jahren wollten wir unser Haus verkaufen, um in einen anderen Ort zu ziehen. Die Hilfe von Maklern brachte nicht den gewünschten Erfolg. Zeitungsanzeigen brachten viele Kaufinteressenten. Aber bis auf eine Interessentin gefiel ihnen das Haus oder seine Lage nicht. Viele wollten oder konnten nicht den verlangten Kaufpreis bezahlen.

Es blieb eine begeisterte Interessentin übrig. Sie hatte jedoch nicht genügend Geld. Sie verdiente in ihrem Job gut, aber ihr Ehemann war arbeitslos. Meine Frau und ich beteten immer wieder zu Gott und baten um Hilfe. Am Ende unseres Gebets sagten wir immer: ‚Herr, dein Wille geschehe'. Eine Reihe von Monaten verging. Wir hatten Vertrauen zu Gott und gaben nicht auf.

Dann meldete sich wieder die Interessentin und kaufte mit ihrem Ehemann das Haus. Der Ehemann, ein Wissenschaftler, hatte plötzlich einen Arbeitsvertrag erhalten. Das damit erzielte zusätzliche Einkommen reichte den Interessenten aus, um den verlangten Kaufpreis für das Haus zu bezahlen. Selbst Jahre später waren die Käufer glücklich über den Kauf des Hauses, wie sie uns bei einem Besuch sagten. Es ist wichtig, dass bei einem Handel beide Partner zufrieden sind.

Auch dieses Beispiel zeigte, dass wir der geistigen Welt einige Zeit lassen müssen, damit ein Gebet erfüllt werden kann.

Ereignisse in unserem Leben haben oft eine Botschaft für uns, auch wenn wir sie nicht gleich verstehen. Ich brauchte ganz schnell einen Termin beim Arzt. Das Telefon des Arztes war morgens laufend besetzt. Ich fühlte mich unglücklich. Als ich nach einer Stunde erneut anrief, erhielt ich einen Termin, eine halbe Stunde später, weil kurz vorher der Termin durch Absage frei geworden war. Ich hatte zu wenig Vertrauen in Gott gehabt, doch er half.

Die genannten Beispiele sollen uns an kleinen und großen Dingen zeigen, dass Gott uns hilft, wenn unser Anliegen den göttlichen Gesetzen entspricht. Er hilft uns auch durch Warnungen, wenn unser Anliegen nicht den göttlichen Gesetzen entspricht.

Gott möchte nicht, dass wir uns versündigen. Deshalb erhalten wir Warnungen. Wir müssen nur lernen, diese Warnungen zu erkennen und sie zu beachten.

Hilfreich ist es, bei anstehenden Entscheidungen, Christus oder Gott um Hilfe zu bitten, die richtige Entscheidung zu treffen. Es ist dabei ja oft der persönliche Schutzgeist, der uns hilft, das richtige Kleidungsstück zu wählen, zum Anziehen für den Tag oder als Kauf oder auch das für uns bestgeeignete Möbel für unsere Wohnung zu finden.

Ich machte mir kürzlich Sorgen um meinen 23 Jahre alten Subaru, ob er noch so lange halten werde, wie ich noch Autofahren kann (jetzt 87

Jahre alt). Meine Autowerkstatt gab auch zu bedenken, dass es bald keine Ersatzteile für mein Auto geben werde. Weil ich nur einmal oder alle 2 Wochen mit dem Auto fahre, war auch meine Autobatterie leer gewesen und ich brauchte technische Hilfe zum Start und musste dann rd. 80 km fahren, um die Batterie aufzuladen.

Also recherchierte ich, ein E-Auto zu leasen. Am Ende gefielen mir die E-Autos und die wahlweise ins Auge gefassten Benziner nicht, auch nicht die Leasingverträge. Ich betete um Hilfe. Dann kam der Hinweis. Ich rief Fa. Subaru an und fragte, wie lange ich noch Ersatzteile für meinen 23 Jahre alten Subaru Forester bekommen könne. Die Antwort: mindestens noch 10 Jahre für Teile von Motor, Getriebe, Achsteile usw.. Evtl. Schwierigkeiten bei Karosserieteilen. Mit dieser Antwort war klar, dass ich bei meinem alten Auto bleibe, das nur 58.000 km gefahren war.

DIE ERFOLGREICHE
PARTNERSCHAFT ZWISCHEN
MANN UND FRAU

Abgeleitet vom Berufsleben könnte man meinen, es käme auch in der Ehe, in der Partnerschaft zwischen Mann und Frau auf den Erfolg an. Erfolg wird jedoch meistens mit finanziellen Größen gemessen und in Form von Aufstieg, Karriere, Anerkennung und Geltung, vielleicht auch im Sinne von Selbstverwirklichung wahrgenommen.

In der Partnerschaft gelten jedoch andere Kriterien. Es geht hier nicht um Erfolg. Es geht darum, ob eine Partnerschaft gut ist oder weniger gut, wenn nicht sogar schlecht ist.

Ich war mit meiner Ehefrau bis zu ihrem Tod 62 Jahre verheiratet, war davor schon drei Jahre mit ihr befreundet. Haben wir eine gute Ehe geführt? Meine Frau und ich würden das bejahen. Meine Frau hat zu mir gehalten in allen Schwierigkeiten meines Lebens und ich in gleicher Weise zu ihr. Wie haben wir das im Einzelnen gemacht? Was waren die Kriterien unserer „guten Partnerschaft"?

Aus meiner Sicht gibt es vier wichtigste Kriterien für eine gute Partnerschaft. Das sind gegenseitige Achtung, dem anderen zu dienen, ihm den freien Willen zu lassen und Vertrauen sowie Treue.

Das erste Kriterium ist die gegenseitige Achtung des anderen. Ich unterscheide dabei immer zwischen der äußeren Achtung und der inneren Achtung.

Die äußere Achtung bedeutet, sich seinem Partner (gemeint ist auch die Partnerin) gegenüber – und anderen Mitmenschen gegenüber – höflich und anständig zu verhalten. Man grüßt den anderen, dankt ihm für eine Hilfe oder Gefälligkeit und man begegnet ihm mit Freundlichkeit. Man entschuldigt sich „ehrlich" für eine Unhöflichkeit, die einem ungewollt passiert ist. Hinter diesem

Verhalten steht die charakterliche Entscheidung, die innere Haltung, dass man den Nächsten im Äußeren achten will.

Diese Entscheidung zur äußeren Achtung fällt leichter, wenn man sich bewusst macht, dass Gott auch in jedem unserer Mitmenschen ist. Wenn wir den Nächsten nicht achten, so achten wir auch Gott in ihm nicht.

Die innere Achtung des Partners (gemeint ist auch immer die Partnerin) bedeutet, den Partner als gleichwertig zu sich zu betrachten. Gleichwertig bedeutet, dass der Partner nicht mehr wert und nicht weniger wert ist als seine Partnerin und umgekehrt. Keiner steht über oder unter dem anderen. In der Partnerschaft bedeutet es auch, den anderen, die andere, als gleichberechtigt anzusehen und sich so zu verhalten. Diese Entscheidung muss jeder in seinem Inneren treffen. Dann wirkt sie sich auch im Äußeren positiv aus.

Im Verhältnis zu den Kindern in einer Partnerschaft gibt es die Gleichwertigkeit, aber nicht Gleichberechtigung auf allen Ebenen.

Insbesondere im Arbeitsleben müssen wir akzeptieren, dass die Menschen zwar als gleichwertig zu behandeln sind, aber nicht gleichberechtigt sein können. Die Menschen haben in unserer Gesellschaft, in Wirtschaft und Verwaltung, unterschiedliche Funktionen mit unterschiedlichen Vollmachten und Kompetenzen.

Jede Organisation braucht eine Hierarchie. Deshalb kann nicht jeder Mensch mit anderen gleichberechtigt sein. Aber vor Gott sind alle seine Menschenkinder gleich, also auch untereinander gleichwertig.

Zu einer guten Partnerschaft gehört als zweites Kriterium, dem anderen „in Liebe und Demut dienen" zu wollen, für ihn da zu sein in Freud und Leid. Viele Paare versprechen sich das vor dem Traualtar. Aber wenn es zur Nagelprobe kommt, siegt oft der Egoismus über die Nächstenliebe. Man glaubt, ohne den Partner und der Verpflichtung ihm oder ihr gegenüber besser dran zu sein. So kommt es dann oft zur Trennung und zur Scheidung.

Was hat man dadurch gewonnen? Seine Freiheit? Eine gute, liebevolle Partnerin (bzw. Partner) ist ein Gewinn für das Leben. Es sind damit Einschränkungen der eigenen Freiheit verbunden. Aber der „Gewinn" oder „Nutzen" einer Partnerschaft, in seelischer, psychischer, harmonischer, sinnerfüllender und materieller Hinsicht ist viel größer als die Freiheit, allein und unabhängig zu leben.

In einer Partnerschaft kann der einzelne seelisch und charakterlich reifen, auch in der gemeinsamen Bewältigung von Problemen des Lebens. Wer allein lebt, hat diese Chance nicht.

Oft kommt es nach einer Scheidung zur nächsten Partnerschaft, in der man nach einiger Zeit vor den gleichen Problemen steht, wie in der ersten Partnerschaft. Es sei denn, man hätte aus den eigenen Fehlern gelernt. Man muss sich vom Partner nicht ausnutzen lassen. Wenn das vorkommt, sollte ein klares Wort gesprochen werden. In einer guten Partnerschaft dient jeder dem anderen in Liebe. Er rechnet dem anderen nicht vor, wenn er mehr für ihn getan hat, als dieser für ihn. Er sollte jedoch Freude daran haben, etwas mehr für den anderen tun zu können entsprechend seinen Möglichkeiten.

Das dritte Kriterium ist, dem Partner die Freiheit zu lassen, auch eigene Entscheidungen zu treffen und diese zu respektieren. Wir Menschen wurden mit unterschiedlichen Charakteren und Interessen geboren. Wir haben uns im Verlaufe unseres Lebens auch unterschiedlich entwickelt. Diese unterschiedlichen Interessen müssen Partner gegenseitig respektieren, indem jeder dem anderen den freien Willen lässt. Man sollte den Partner nicht zum eigenen Nutzen in seinem Denken und Tun einengen. **Betrachtet euren Partner niemals als euren Besitz, auch nicht eure Kinder.**

Das vierte Kriterium ist das Vertrauen. Man muss Vertrauen zum Partner haben, muss überzeugt sein, dass er stets für mich da ist, wenn ich ihn brauche. Das darf man nicht ausnutzen. Was man selber tun kann, sollte man auch selber tun, also nicht vom Partner erwarten oder von ihm fordern. Zum Vertrauen gehört auch, sich gegenseitig treu zu sein. Dazu gehören auch Offenheit und Ehrlichkeit dem Partner gegenüber.

Jede Ehe und Partnerschaft verbesserrn sich deutlich, wenn sich jeder der Partner bemüht, die genannten vier Kriterien in seinem Denken und Verhalten einzuhalten.

Mit Hilfe eines Mediums konnte ich vor 30 Jahren mit meinem Schutzgeist sprechen. Zur Verbesserung meiner Ehe empfahl er mir, meiner Frau täglich eine Rose oder einen Rosenstrauß zu schenken, nicht per Kauf, sondern nur in Gedanken. Es hilft.

Nachstehend finden die Leser/innen einen Fragebogen als Selbstdiagnose und Bewertung der eigenen Einstellung zu ihrer Partnerschaft.

Partner bedeutet hier „Ehemann/Freund oder Ehefrau/Freundin". Der Fragebogen zeigt die Wirkung ihres Denkens und Verhaltens auf ihre Partnerschaft auf:

	Selbstdiagnose – Bewertung der eigenen Einstellung zur Partnerschaft JA = uns verbindend, anziehend – NEIN = uns trennend, abstoßend	JA	NEIN
1	Achten, respektieren Sie Ihren Partner? Sind Sie fast immer freundlich und höflich zu ihm? Streben Sie nach Harmonie? Kreuzen Sie „JA" an. Wenn Sie ihn öfter beschimpfen oder beleidigen, wenn Streit und Zank und gegenseitige Schuldvorwürfe vorherrschen, kreuzen Sie „NEIN" an.		
2	Sucht und findet Ihr Partner Geborgenheit, auch Zärtlichkeit, bei Ihnen?		

	Selbstdiagnose – Bewertung der eigenen Einstellung zur Partnerschaft JA = uns verbindend, anziehend – NEIN = uns trennend, abstoßend	JA	NEIN
3	Haben Sie genügend gemeinsame Interessen, über die Sie sich gern unterhalten oder wo Sie gemeinsame Freizeitaktivitäten erleben? Haben Sie gemeinsame Ziele, z.B. was Sie gemeinsam erreichen wollen?		
4	Lässt jeder Partner dem anderen die Freiheit, auch seine speziellen Interessen, also nicht gemeinsame Interessen, zu leben? (Wo keine Freiheit ist, stirbt die Liebe, stirbt die Treue!)		
5	Handelt jeder Partner verantwortungsbewusst, mit Rücksichtnahme auf die Bedürfnisse des anderen, um das Wohlergehen des anderen (der Familie) zu fördern? Betrifft z.B. auch den Umgang mit Geld.		
6	Herrscht Offenheit, Ehrlichkeit und gegenseitige Treue und dadurch auch Vertrauen zwischen den Partnern? (Eifersucht wäre dann ein Druckmittel!)		
7	Hören Sie Ihrem Partner zu? Gehen Sie auf das ein, was Ihren Partner bewegt, was ihn bedrückt?		

Selbstdiagnose – Bewertung der eigenen Einstellung zur Partnerschaft JA = uns verbindend, anziehend – NEIN = uns trennend, abstoßend	JA	NEIN
8	Lieben Sie Ihren Partner? **Liebe** = den Partner auch mit seinen kleinen Schwächen voll zu akzeptieren; ihn als gleichwertig zu sich behandeln; für den anderen da sein und auch mal eigene Bedürfnisse zugunsten des anderen zurückstellen, ohne eine Gegenleistung dafür zu erwarten oder zu verlangen; *also keine Tauschgeschäfte machen (gibst du mir, gebe ich dir)*, wie es nur Interessengemeinschaften tun.		
9	Wenn Ihnen am Verhalten des Partners etwas nicht gefällt, sprechen Sie es offen, verständnisvoll an. Sie bestrafen den Partner nicht durch trotziges Schmollen, Weinen oder stunden-/tagelanges Schweigen oder beleidigt sein! Wer den anderen bestraft, will Macht über den anderen ausüben, ihn unfrei machen. Da erstirbt mit der Zeit jede Liebe, Zuneigung und Freundschaft.		
10	Wenn einer den anderen seelisch verletzt hat, (z.B. Beschimpfung) bittet er den anderen ehrlich bereuend um Vergebung oder um Entschuldigung, möglichst noch bevor der Tag zu Ende geht?		

	Selbstdiagnose – Bewertung der eigenen Einstellung zur Partnerschaft JA = uns verbindend, anziehend – NEIN = uns trennend, abstoßend	JA	NEIN
11	Lieben Sie sich selbst? Achten Sie sich selbst und lassen sich nicht gehen? Wenn Sie sich selbst nicht lieben oder achten, warum sollte Ihr Partner oder ein anderer Sie mögen, Sie lieben oder Sie achten?		
12	Sie sind großzügig/tolerant bei Kleinigkeiten und führen keine Krümel-Kriege?		
13	Achten Sie beim jeweiligen Wunsch nach Sexualität die Würde des anderen, also ob er/sie in diesem Moment dazu bereit ist, es auch möchte? Wer sein Recht einfordert, es erzwingt, weil ihm danach zumute ist, achtet den anderen nicht, nimmt ihm seine Freiheit, tötet die Liebe, hat keine Anziehung!		
14	Erhalten Sie vom Partner Beistand? Können Sie sich auf ihn verlassen?		

Wichtig ist, der Partnerin, dem Partner immer wieder zu zeigen, dass man ihn liebt.

Wer als Vorgesetzter oder Führungskraft bei der Führung von Mitarbeiterinnen und Mitarbeitern einige der vorgenannten Kriterien beachtet, wird ein gutes Arbeitsverhältnis zu ihnen haben. Er wird anerkannt und geschätzt werden.

SINN IM LEBEN – PFEILER DES SINNS

Viele jagen nur dem Geld hinterher. Ihr Leben konzentriert sich allein auf mit dem Gelderwerb und der Sicherung des Lebensunterhalts verbundene Aktivitäten. Aber macht das glücklich? Es erfüllt notwendige Zwecke, gibt jedoch dem Leben noch keinen tieferen Sinn.

Die Erfüllung von Zwecken ist nötig, um auf dieser irdischen Ebene, auf diesem Planeten, überleben zu können, um als Lebewesen zumindest zu vegetieren. Die vom Leben gestellte Aufgabe heißt jedoch, vom Zweck zum Sinn zu finden.

Was ist Sinn?

Sinn zielt auf etwas Geistiges, die Erfüllung eines Urbedürfnisses des Menschen

Sinnerfüllt zu leben, ist nur möglich durch die Verwirklichung von Sinn.

Sinn-Verwirklichung ist nach Prof. Dr. Viktor E. Frankl, dem Begründer der Logotherapie, einer sinnzentrierten Psychologie, die Verwirklichung von Werten.

Welche Werte sind zu verwirklichen? Frankl nennt folgende Kategorien:

Erfüllung kreativer Aufgaben,

Zusammensein und zusammenarbeiten mit anderen,

Hingabe an eine Person (Liebe, Freundschaft, Partnerschaft),

Hingabe an ästhetische Werte (gute Musik hören, Theaterbesuche),

Hingabe an eine Idee (z.B. Religion, Weltanschauung),

Ertragen von Leid.

Zum Ertragen von Leid sagt Frankl: "Das Schicksal, das ein Mensch erleidet, hat also erstens den Sinn, gestaltet zu werden - wo möglich -, und zweitens, getragen zu werden - wenn nötig." (Frankl: Ärztliche Seelsorge, Fischer Verlag 1987, S. 151)

Im Ertragen von Leid liegt eine Leistung, die darin liegt, wie ein Mensch sich in das wirklich Unabänderliche fügt und es duldet. Dieses unvermeidliche Leiden ist letztlich ein sinnvolles Leiden. So wird auch im schrecklichen Leiden noch ein Sinn verwirklicht. Sinn gibt dem Leidenden auch seine Dankbarkeit für die Pflege und Zuwendung, die der Leidende von anderen Menschen erhält.

Den höchsten Sinn erhält der Leidende, wenn er sich vertrauensvoll Gott zuwenden kann und auf die Gerechtigkeit Gottes vertraut. Auch bei einem schwersten Leiden sollte man Gott um Hilfe und um Führung bitten.

Wie gestaltet man ein sinnerfülltes Leben?

Die Wahl einer Aufgabe (im Beruf), an der man Freude hat; eine Arbeit zum Nutzen anderer Menschen.

Das Zusammensein mit Menschen, mit denen man in echter Harmonie lebt. Man muss sich aber auch um diese Harmonie bemühen! Die uneigennützige (selbstlose) Hingabe an eine Person, die man liebt.

Zeit für sich selbst, um außerhalb von Arbeit und Pflichten das zu tun, was einen mit Freude erfüllt, auch um sich dabei zu entspannen, innerlich ruhig zu werden.

Anderen Menschen immer wieder mal uneigennützig eine Freude machen. Hierzu zählen z.B.: ein Lächeln, ein freundliches, ermunterndes Wort, einfühlendes, verständnisvolles Zuhören,

Erweisen eines kleinen Gefallens und Ähnliches. Uneigennützig oder selbstlos ist es nur, wenn man keinen Dank oder keine Anerkennung dafür erwartet.

Pflege der inneren Seelenhygiene. Wie kann ich meine Empfindungen, Gedanken, Worte und mein Handeln gegenüber mir und meinem Nächsten positiv gestalten? So erreiche ich auch Harmonie mit mir und anderen. Hilfreich ist die Verwirklichung ethischer bzw. religiöser Überzeugungen, zu denen man sich offen bekennt.

Sinnerfüllung und Glück kann man nicht kaufen oder geschenkt bekommen. Sie kommen nicht von außen, sondern nur aus dem eigenen Inneren, durch Arbeit am eigenen Selbst.

Alleinige persönliche Pfeiler des Sinns sind oft der Ehepartner, auch Kinder, der Arbeitsplatz. Häufig ist es nur einer dieser Pfeiler, z.B. der Job. Geht der Job verloren, dann bricht in dem Menschen sein gesamtes Sinn-System zusammen. Er sieht in seinem Leben keinen Sinn mehr. Das kann zur Alkoholsucht oder Drogensucht führen, zur Vernachlässigung der eigenen Person mit am Ende Verlust der Wohnung. Es kann auch statt Obdachlosigkeit Suizid die Folge sein. Die gleiche Gefahr besteht, wenn der Ehepartner stirbt und er oder sie der einzige Sinn-Pfeiler war.

Wer außer einem einzigen irdischen Sinn-Pfeiler, z.B. seinem Ehepartner, die Verbindung zu Gott gepflegt hat, wird nie allein und nie ohne Sinn sein. Gott ist der höchste Sinn, auf den sich der Mensch ausrichten kann. Gott verlässt sein Menschenkind nie!

Wie konnte meine verstorbene Frau ihren Lebens-Sinn verlieren? Meine Frau liebte unseren Hund, einen Großspitz, für den sie liebevoll sorgte. Als er starb, war sie 76 Jahre alt und ich war 77 Jahre alt. In diesem Alter wollten wir keinen neuen Hund haben, damit er bei unserem Tode, den wir mit einem Alter von 86 Jahren annahmen, nicht ins Tierheim müsse. Nach dem Tod unseres Großspitzes fehlte meiner Frau ein Sinnpfeiler. Ihre Augen wurden schlechter, sie konnte die geliebten Krimis in englischer Sprache nicht mehr lesen. Sie wollte auch nicht mehr malen. Ihr größtes Hobby war, unsere früheren Häuser und Wohnungen einzurichten. Als unsere letzte Wohnung eingerichtet war, gab es in der Hinsicht nichts mehr zu tun für sie. Ein Sinnpfeiler nach dem anderen war verschwunden. Ihre Beziehung zu Gott war immer geringer als bei mir, schien mir aber auch nachzulassen. So gab ihr vermutlich das Leben am Ende keinen bedeutsamen Sinn mehr.

POSITIVE BEZIEHUNGEN

Menschen, mit denen ich im Unfrieden bin, werden mir in der Regel nicht helfen, erfolgreich zu sein. Unterstützung für meine Pläne erlange ich von den Mitmenschen, mit denen ich in Harmonie bin und mit denen mich gemeinsame Interessen verbinden. Ich bemühe mich also, das zu verstärken, was mich mit meinem Nächsten verbindet.

Unsere sozialen Beziehungen zu Mitmenschen werden von dem geistigen Gesetz „Senden = Empfangen" bestimmt. Das bedeutet, was ich an Gefühlen, Empfindungen, Gedanken aussende und wie ich rede und handle, das bestimmt meine Beziehung zu meinen Mitmenschen. Gefühle sind vage, undeutlich. Empfindungen sind dagegen deutlich spürbar und klarer in der Bedeutung. Gefühle, Empfindungen, Gedanken sind Kräfte, sind Energien!

Wenn ich meinen Chef (gemeint ist damit auch die Chefin) ablehne, und sei es nur empfindungsmäßig und/oder gedanklich, dann sende ich das auch und der Chef empfängt, was ich sende. Der Chef empfängt dieses Senden als Empfindung, die in seinem Oberbewusstsein aufsteigt, als Ahnung oder sogar als Überzeugung. Wenn ich also meinen Chef ablehne, habe ich kaum Chancen, meist gar keine Chancen, dass er mich unterstützt, mich fördert, um mich erfolgreicher zu machen. Gleiches funktioniert auch umgekehrt im Verhältnis des Chefs zu seinen Mitarbeitern (= auch Mitarbeiterinnen). Denkt der Chef negativ und abwertend von einem Mitarbeiter, dann wird in den meisten Fällen der Mitarbeiter keine große Leistung bringen und er hat kein Interesse, sich für den Chef zu engagieren. Wenn ich negativ rede über meinen Chef oder über einen Mitarbeiter, dann wirkt das als Sende-Impuls noch stärker als rein negatives Denken. Negatives Handeln hat die stärkste Wirkung.

Ähnliches gilt auch für die Zusammenarbeit von Lehrern mit Schülern. Lehrer, die ihre Schüler lieben, sie achten, werden auch von ihnen anerkannt und respektiert. Die Schüler bringen bessere Leistungen.

Um meine Beziehungen zu einem Mitmenschen positiv zu gestalten, muss ich positiv von ihm empfinden, denken und reden, ihn im Äußeren und Inneren achten und ihm gegenüber positiv handeln. Die äußere Achtung bedeutet Einhaltung der Regeln der Höflichkeit. Die innere Achtung bedeutet, dass ich einen Mitmenschen als „gleichwertig" zu mir ansehe. Gleichwertig bedeutet nicht immer auch „gleichberechtigt" in Bezug auf Funktionen in einem Unternehmen. Ein Chef hat nun mal mehr Vollmachten als sein Mitarbeiter.

Gleichwertig ist so zu verstehen, dass wir alle „Kinder Gottes" sind, dass vor Gott alle Menschen gleich sind, so wie es sogar unser Grundgesetz definiert. Gleichwertig heißt auch, dass ich mich nicht über den anderen stelle und auch nicht unter den anderen. Ich werte mich nicht auf und werte mich nicht ab. Ich spreche nicht schlecht von mir und nicht von anderen. Ich werte den anderen im Vergleich zu mir nicht auf und werte ihn auch nicht ab.

Habe ich Probleme mit einem Mitmenschen, so setze ich mich in eine ruhige Ecke. Ich schreibe mir auf, welche positiven Aspekte (Eigenschaften) und welche negativen Aspekte ich in und an dem Mitmenschen finde. Es gibt nicht nur Negatives. In allem Negativen ist auch das Positive. Das ist ein geistiges Gesetz. Ich ändere deshalb auch meine negativen Gedanken zum Positiven, z.B. kein Neid, keine Missgunst, keine Schuldvorwürfe gegen diesen Mitmenschen, keine Abwertung usw.

Es wäre falsch, die erkennbaren negativen Eigenschaften dieses Mitmenschen zu verdrängen, sie nicht wahrhaben zu wollen. Das funktioniert nicht. Das Unterbewusstsein lässt sich nicht betrügen! In diesem Fall ist es wichtig, aufrichtiges Verständnis für diese negativen Eigenschaften des anderen zu entwickeln. Beispiel: Der andere ist ja vielleicht selbst nicht glücklich über seine negativen Eigenschaften und Verhaltensweisen und hat vielleicht Angst, schwach zu erscheinen oder zu sein, wenn er diese negativen Eigenschaften aufgeben würde. Sie sind für ihn vielleicht ein Schutzmechanismus, den er glaubt, nicht aufgeben zu können. Oder er ist so erzogen worden.

Es gibt oft verschiedene Gründe, warum jemand negative Eigenschaften hat und deshalb auch negative Verhaltensweisen. Wenn ich mich bemühe, wenn ich wirklich will, kann ich immer ein aufrichtiges Verständnis für negative Eigenschaften eines Mitmenschen entwickeln und kann auch positive Eigenschaften bei ihm finden. Im allerschlimmsten Falle kann ich mir noch bewusst machen, dass auch dieser Mitmensch mit gegebenenfalls „schrecklichen negativen Eigenschaften" ein Kind Gottes ist und dass Gott ihn ungeachtet seines Verhaltens genauso liebt wie er mich liebt.

Meine von mir aufgeschriebenen negativen Gedanken, die ich gegen meinen Mitmenschen hatte, lese ich mir durch und bereue sie ehrlich! Dieses Bereuen muss ich spüren, sonst wirkt es nicht. In Gedanken bitte ich diesen Mitmenschen 2 - 3 mal um Vergebung, um Verzeihung für meine negativen Gedanken (sowie Reden und Handlungen), und nehme mir vor, nicht wieder so negativ über ihn zu denken, zu reden und nicht negativ gegen ihn zu handeln.

Wenn ich meinem Nächsten gegenüber negativ gehandelt, auch offen negativ über ihn geredet habe, wenn es Streit mit heftigen Worten gegeben hat, entschuldige ich mich persönlich (Gespräch oder Brief) bei diesem Mitmenschen für mein negatives Handeln gegen ihn. Das hat die stärkste positive Wirkung. Ich entschuldige mich niemals persönlich im Gespräch oder per Brief für meine negativen Gedanken. Das würde ihn nur erst recht gegen mich aufbringen, wenn er z.B. meine negativen Gedanken nur ahnt, aber nicht genau kennt.

Die von mir aufgeschriebenen positiven Aspekte des Mitmenschen lese ich mir mehrmals durch und freue mich wahrhaftig über die von mir festgestellten positiven Eigenschaften.

Damit sende ich zu diesem Mitmenschen positiv und er empfängt es. Es verändert sich dann bei ihm etwas, indem er auch positiv über mich denkt und handelt. Das kann eine gewisse Zeit dauern, bis es wirkt. Aber es wird garantiert wirken.

Falls ich wieder einmal in negatives Denken gegen diesen Mitmenschen zurückfallen sollte, bitte ich ihn wieder in Gedanken um Vergebung, wie weiter oben beschrieben.

Um zu erfahren, wie gut diese Anleitung funktioniert, übe ich in meiner Familie oder in meinem engsten Freundes- und Bekanntenkreis, bevor ich es am Arbeitsplatz anwende.

Beispiele aus der Praxis des Autors:

Beispiel 1: Mein Sohn war im Alter von etwa 18 Jahren, als er noch zur Schule ging, ziemlich ungefällig zu seinem Vater. Wenn ich ihn bat, mir etwas aus der Stadt zu besorgen, lehnte er das aus angeblichem Zeitmangel ab. Das ärgerte mich mächtig. Dann lernte ich in einem Seminar diese Anleitung, wie man es besser machen kann. Ich setzte mich eines Morgens hin und dachte über positive Eigenschaften meines Sohnes nach. Am Ende hatte ich sogar 10 positive Eigenschaften auf meinem Zettel. Ich las das mehrmals durch und freute mich sehr darüber, dass ich so einen guten Sohn habe.

Schon 20 Minuten später klopfte es an meiner Tür zum Arbeitszimmer. Es war mein Sohn. Er fragte mich, ob er mir etwas aus der Stadt mitbringen solle, was er dann auch tat. Forthin fragte er mich nun ständig, ob ich etwas aus der Stadt brauche. Ich dankte ihm.

In der Regel kommt die Wirkung aber nicht so schnell, in der Familie jedoch generell schneller als am Arbeitsplatz, im Büro oder in der Werkstatt.

Beispiel 2: Etliche Meister, denen ich diese Anleitung in Seminaren gelehrt hatte, waren mir später sehr dankbar, weil sie mit der Anleitung für positive Beziehungen ihre Ehe ganz deutlich verbessert hatten.

Beispiel 3: Ich erklärte diese Anleitung in einer Selbsterfahrungsgruppe. Später bedankte sich ein Mitglied dieser Gruppe bei mir. Dieses Mitglied erzählte mir, dass seine Freundin, eine Sängerin, mit ihm in der Gruppe war. Die Sängerin hatte große Probleme mit ihrem Intendanten an der Salzburger Oper und ihr Vertrag sollte nicht mehr verlängert werden. Sie praktizierte meine Anleitung und konnte nach einigen Wochen berichten, dass sie nun in Harmonie mit ihrem Intendanten sei und dass ihr Vertrag verlängert wurde.

Wenn wir etwas von unserem Nächsten wollen, sollten wir als Teil der Höflichkeit ihn darum **bitten**, anstelle Anweisung zu geben oder zu fordern. Wir sollten stets danken, wenn jemand für uns etwas getan hat oder uns einen Gefallen erwiesen hat. Dank schafft eine positive Beziehung zu unserem Nächsten.

Wir sollten von unserem Nächsten nichts verlangen, was wir selbst tun können.

Es gibt leider auch Konstellationen, bei denen die Anleitung für positive Beziehungen für einen unserer Mitbürger, nennen wir ihn Herrn B, nicht wie gewünscht funktionierte, jedenfalls nicht kurz- und nicht längerfristig. Solche Ausnahmen muss man akzeptieren. Seit einiger Zeit ist Herr B mit seiner Frau in solch einer Ausnahmesituation.

Es ist zu berücksichtigen, dass es sich beim Senden von Empfindungen und Gedanken um Energie in einem geistigen Feld handelt. In diesem geistigen Feld gibt es nicht eine Zeit wie auf unserer Erde. Dort gibt es weder Zeit noch Raum. Es kann also auch sehr lange dauern, bis das Senden von Gedanken beim Nächsten etwas bewirkt. Die ausgesandten Gedanken kommen immer sofort in der Seele des Nächsten an. Das Problem besteht darin, wann die positiven Gedanken des Senders in der Seele des Nächsten von ihm in seinem Unterbewusstsein und Oberbewusstsein wahrgenommen werden. Stark negative Menschen haben meist keinen Zugang mehr zu ihrem Unterbewusstsein und ihrem Gewissen. Sie spüren also nicht, was ihnen gesendet wurde und wird.

Hinzu kommt ein zweites Problem. Unsere Aussendung positiver Gedanken und unsere Bitte um Vergebung für unsere negativen Gedanken, unser negatives Reden und Handeln können nur positiv wirken, wenn unser Nächster uns vergibt. Was kann Herr B erreichen, wenn ihm nicht vergeben wird? Unser Nächster hat den freien Willen. Er muss uns nicht vergeben. Herr und Frau B können aber zumindest in sich den Frieden herstellen, indem sie in Gedanken um Vergebung bitten, dem Nächsten vergeben und diesen segnen, ihm alles Gute wünschen. Wenn sie diesen Frieden in sich in Gedanken und in Taten mit ihrem Nächsten herstellen, können sie die ungute Situation annehmen und in Harmonie sein. Noch besser wird es, wenn sie dieses Problem auch Gott übergeben und ihn um Beistand und Führung bitten.

Ein Beispiel:

Als wir in Würzburg lebten, ließen wir an der Grundstücksgrenze zum Nachbarhaus in Vereinbarung mit dessen Eigentümer auf der schon 3 m hohen Stützmauer (Abstützung zum 3 m tiefer liegenden Nachbargrundstück) einen zwei m hohen hölzernen Flechtzaun als Sichtschutz errichten. Dieser Sichtschutz verärgerte die 2 Mieterinnen im UG des Nachbarhauses, wo sie den Teil des Gartens benutzen, der jetzt von einer 5 m hohen Wand umgeben war. Sie drohten dem Eigentümer mit Kündigung und grüßten uns nun nicht mehr.

Der Eigentümer bat uns, die Flechtwand zu begrünen, was wir auch veranlassten. Aber es bestand dennoch ein Unfrieden zwischen den zwei Mieterinnen auf dem Nachbargrundstück und uns. Ich hatte noch nie im Unfrieden mit Nachbarn gelebt. Dabei sollte es nicht bleiben.

Meine Frau und ich nahmen uns vor, die zwei Mieterinnen, zwei nette ältere Damen, zu „zerlieben". Dieses seltsame Wort hatte ich vor einiger Zeit mal gelesen. Wir segneten jeden Tag diese zwei Mieterinnen und wünschten Ihnen alles Gute. Und wenn wir ihnen begegneten, dann grüßten wir sie, auch wenn sie uns nicht grüßten. Es dauerte etwa drei Monate, bis diese zwei Mieterinnen ihren Groll gegen uns vergaßen, uns grüßten und mit uns ins Gespräch kamen. Wir wurden gute Nachbarn, die sich gut verstanden. Dieses Beispiel möge zeigen, dass man auch eine ungute Situation wieder zum Positiven wenden kann. Es mag nicht in allen Fällen gelingen. Aber man sollte es auf jeden Fall versuchen und dabei viel Geduld aufbringen.

Wir Menschen haben immer die Wahl, in unserem Nächsten, dem Partner, Nachbarn, Kollegen usw. das Positive zu bejahen und damit in dem anderen sein Positives zu verstärken. Oder wir sprechen in dem anderen das Negative an und verstärken damit sein Negatives. Unser Leben wird freudvoller, wenn wir mit dem Positiven des Nächsten kommunizieren.

Wie Gedanken wirken, hat der Japaner Dr. Masaru Emoto in seinem Buch „Die Antwort des Wassers" beschrieben. Positive Botschaften bildeten wunderschöne Kristalle im Wasser, negative Botschaften hässliche und missgebildete Kristalle.

Man stelle sich vor, wie in gleicher Weise unsere negativen Gedanken auf die Zellen unseres Körpers einwirken, z.B. auf die Neuronen unseres Gehirns und die Zellen unserer Organe.

Weltweite Studien bewiesen, dass mit Gedanken elektronische Zufallsgeneratoren, die entweder eine Null oder eine Eins zeigen, beeinflusst werden können. Bei einer großen Menge an Versuchen ist normalerweise die Zahl der Einsen gleich der Zahl der Nullen. Mit Gedankenkraft kann man erreichen, dass die Zahl der Einsen signifikant größer ist als die Zahl der Nullen und umgekehrt. Zitiert nach: „Bleep" von Autoren Arntz, Chasse und Vicente, VAK Verlags GmbH. In dem Buch, in dem Physiker die Quantenphysik erklären, wird auch berichtet, dass mit Gedanken (Meditation) der pH-Wert von gereinigtem Wasser um einen ganzen Stellenwert erhöht oder gesenkt werden konnte.

GOTT WIRKT AUCH IN UNSEREM ARBEITSLEBEN

Das Gebot für Christen ist „bete und arbeite". Wir sollen uns mit unserer Arbeit unseren Lebensunterhalt verdienen und nicht auf Kosten anderer leben.

Im Arbeitsleben haben wir es mit diversen Anforderungen zu tun. Wir müssen eine Qualifikation für unsere Arbeit einbringen, also unserem Arbeitgeber den gewünschten Nutzen bieten. Er muss einen Gegenwert, in der Regel einen größeren Gegenwert (mit Gewinn) für den Lohn erhalten, den er uns bezahlt. Anderenfalls hätte er kein Interesse daran, uns zu beschäftigen. Ich sollte also mein Bestes in meine Arbeit einbringen. Dann macht sie mir auch Freude und verhilft mir dazu, mit meiner Leistung anerkannt, akzeptiert, geschätzt, zu werden.

Dazu gehört auch, dass ich mich weiterbilde, um meinem Arbeitgeber meine bestmögliche Qualifikation zur Verfügung zu stellen. Bei Problemen werde ich initiativ, um mir das Wissen zur Lösung eines Problems anzueignen. Ich warte nicht darauf, dass mein Arbeitgeber mir bei jeder Schwierigkeit die Unterweisung gibt, damit ich die mir übertragene Arbeit machen kann.

Dann geht es um unsere Beziehungen am Arbeitsplatz, die Zusammenarbeit mit anderen Menschen. Wir müssen unseren Vorgesetzten und seine Vorgesetzten akzeptieren und sie unterstützen. Anderenfalls hätten sie kein Interesse daran, uns zu akzeptieren und sich für unsere Situation zu interessieren.

Wir müssen auch unsere Kollegen und Kolleginnen akzeptieren und sie nach Möglichkeit unterstützen, dass sie gute Arbeit leisten können. Wenn nur ich gute Arbeit leiste und die anderen die Möglichkeit nicht haben, wie kann dann unser Unternehmen, das uns Arbeit und Lohn gibt, am Markt erfolgreich sein?

Ich habe in meinem Berufsleben die Erfahrung gemacht, dass ich leicht die Wertschätzung von Kollegen bzw. Kolleginnen in meiner Abteilung und in anderen Abteilungen erreiche, wenn ich bemüht bin, ihnen mit meiner Arbeit (und der meiner Abteilung) zu dienen. Ich betrachte mich und meine Abteilung als wichtiger Zuarbeiter (Dienstleister) bzw. Unterstützer für andere Bereiche des Unternehmens.

In meiner Arbeit sollte ich mir auch bewusst sein, dass ich nicht nur für mich oder auch für mein Unternehmen arbeite. Ich sollte immer daran denken, dass ich auch für den Erfolg der Kunden unseres Unternehmens arbeite. Ohne unsere Kunden ist unser Unternehmen nichts wert und nicht überlebensfähig.

Aber auch gute Beziehungen zu unseren Lieferanten und Dienstleistern sind wichtig. Hochmotivierte, zufriedene Lieferanten und Dienstleister, deren Arbeit anerkannt und geschätzt wird, tragen erheblich zum Erfolg unseres Unternehmens bei. Werden die Lieferanten von unserem Unternehmen jedoch bei den Einkaufspreisen und durch unpünktliche Zahlung von Rechnungen oder mit langen Zahlungsfristen eher ausgebeutet, dann arbeiten sie nur nach Vorschrift, unmotiviert für den Erfolg unseres Unternehmens.

Um Karriere zu machen, muss man oft viel Geduld aufbringen. Beispiele:

Eines Tages kam ein Chemiker zu mir, weil er unzufrieden mit seiner Situation war. Er war Abteilungsleiter in einem Unternehmen der Chemie und wollte die nächsthöhere Position erreichen. Doch es wurde ihm ein Kollege aus dem Nachbarbereich vorgesetzt. Ich riet ihm, diese Situation zu akzeptieren und diesen neuen Chef zu segnen und ihn mit besten Kräften zu unterstützen, damit er mit seiner Arbeit erfolgreich ist. Mit dem Rat war er anfangs nicht einverstanden. Doch ich konnte ihn überzeugen. Nach 6 Monaten kam er wieder zu mir, um neuen Rat zu erhalten. Sein Chef war inzwischen befördert worden, aber jetzt war der Neffe seines Geschäftsführers zu seinem Chef ernannt worden, völlig ungeeignet für den Job. Erneut riet ich meinem Klienten, die Situation anzunehmen, auch hier wieder den neuen Chef zu segnen und nach besten Kräften zu unterstützen. Dann kam nach etwa zwei Jahren der Erfolg für meinen Klienten, indem sein Chef eine neue Position erhielt. Mein Klient wurde in zwei Schritten sogar zum Direktor des Bereichs ernannt.

Eine Verkäuferin von Finanzprodukten, eine ehemalige Bankdirektorin, brauchte meinen Rat. Sie hatte große Schwierigkeiten, die Angestellten von Sparkassen und Volksbanken dafür zu gewinnen, ihre Finanzprodukte den Kunden der Sparkassen und Volksbanken anzubieten. Sie war der Meinung, dass sie diesen Angestellten ihre Finanzprodukte sehr gut erklärt hatte. Sie konnte nicht verstehen, warum die Angestellten kein Interesse daran hatten, diese Produkte zu verkaufen.

Im Verlauf des Gesprächs stellte sich heraus, dass sie als ehemalige Bankdirektorin diese Angestellten nicht achtete. Sie fühlte sich diesen" kleinen Angestellten" hoch überlegen. So war es kein Wunder, dass diese „kleinen Angestellten" kein Interesse an ihr und an ihren Produkten hatten. Mein Rat war, dass sie diese Angestellten als gleichwertig zu sich ansehen sollte, sie also nicht nur im Äußeren sondern auch im Inneren achten sollte. Sie war der Meinung, dass sie das nicht fertigbringen würde.

Als Lösung schlug ich ihr vor, dass sie ihre Finanzprodukte den Finanzdirektoren von Großunternehmen für ihre Pensionskassen verkaufen sollte. Als ehemalige Bankdirektorin würde sie sich dann gesellschaftlich mit diesen Finanzdirektoren auf gleicher Ebene fühlen. Sie nahm diesen Rat an. Ich traf sie ein Jahr später bei einem Seminar und sie sagte mir, dass sie inzwischen sehr erfolgreich sei. An diesem Beispiel zeigt sich, welche Bedeutung auch im

Arbeitsleben, im Geschäftsleben, die äußere und die Achtung für unseren Nächsten hat.

Gott wirkt auch in unsere Arbeit hinein, wenn wir uns ihm zuwenden. Nachfolgend ein Beispiel.

Ich hatte einen Unternehmer A dafür interessiert, für unsere Gruppe, deren Teil ich bin, bestimmte Arbeiten auszuführen. Dazu musste in unserer Gruppe eine Abstimmung organisiert und durchgeführt werden. Ich hatte dem Unternehmer A per E-Mail mitgeteilt, dass vermutlich unser Gruppenmitglied C die Abstimmung zur Auftragserteilung organisieren werde. Meinem Gruppenmitglied C, der mir nicht freundlich gesinnt ist, teilte ich per E-Mail mit, dass ich dem Unternehmer A mitgeteilt habe, dass er (C) die Abstimmung zur Auftragserteilung organisieren und leiten werde. Als die E-Mail abgeschickt war, kamen mir Bedenken zu dem Text in meiner E-Mail an C. Ich fühlte mich nicht gut. C könnte aus meiner E-Mail an ihn herauslesen, gegenüber dem A über seinen Kopf hinweg entschieden zu haben, dass er so handeln werde, wie ich es A mitgeteilt hatte.

Er könnte zu Recht verärgert sein. Tatsächlich hatte ich jedoch gegenüber dem A nur meine Vermutung mitgeteilt.

Dann meldete sich C bei mir und beklagte sich, dass er von mir eine E-Mail erhalten habe, in der kein Text sei. Gott hatte meine Bedenken erkannt und hatte gehandelt. C hatte den ursprünglichen Text meiner E-Mail nicht erhalten. Ich korrigierte den ursprünglichen Text meiner E-Mail, insbesondere um das Wort „vermutlich" und konnte noch neue Einsichten hinzufügen. Gruppenmitglied C hatte nun keinen Anlass, mich zu kritisieren.

Die meisten Menschen sind sich dessen nicht bewusst, dass ein Unternehmen ein riesiger Energiekörper ist. Der Energiekörper besteht aus der Energie der darin arbeitenden Menschen und der vom Unternehmen genutzten Finanzmittel, Gebäude, Maschinen, Einrichtungen sowie gekauften und erzeugten Waren. Alles ist letztlich Energie. Wenn ein Unternehmen erfolgreich sein will, müssen alle im Unternehmen wirkenden Energien auf das von der Geschäftsführung ausgewählte Ziel gerichtet werden. Wirken in dem Unternehmen jedoch viele gegensätzliche Interessen in Form unterschiedlicher Ziele, in Form von unterschiedlichem Handeln, wie zum Beispiel Intrigen, Mobbing, Feindseligkeiten, Egoismen und der Ausbeutung des Unternehmens (Diebstahl von Zeit und Material), dann wird es für eine Geschäftsführung schwierig sein, mit diesem Unternehmen am Markt erfolgreich zu sein.

Die im Unternehmen arbeitenden Menschen haben die Wahl, ihre Geschäftsführung beim Erreichen der gesetzten Ziele mit allen Kräften zu unterstützen oder teilweise gegen die Geschäftsführung und damit gegen die Interessen des Unternehmens zu arbeiten und ihr Unternehmen schwächer zu machen, bis es in die Insolvenz gehen muss.

Matthäus 12,25: „Jedes Reich, das in sich gespalten ist, geht zugrunde, und keine Stadt und keine Familie, die in sich gespalten ist, wird Bestand haben."

Gott möchte, dass seine Menschenkinder ihre Arbeit mit Freude und vollem Engagement tun. Sie sollen nicht unter Zwang arbeiten müssen. Es empfiehlt sich, im Morgengebet Gott um Beistand, Hilfe und Führung in allen Situationen des Tages zu bitten und um die Kraft und Führung, gute Arbeit zu leisten.

Wenn die Menschen in ihrer Arbeit die Gebote Gottes erfüllen, zum Beispiel die zehn Gebote und die Bergpredigt, dann wird Gottes Segen auf ihrer Arbeit ruhen.

Unternehmer sollten bemüht sein, ihr Unternehmen zu einer Sinngemeinschaft zu entwickeln, in der Führungskräfte und die Mitarbeiterinnen und Mitarbeiter die Werte verwirklichen, wie sie vorstehend beschrieben wurden.

Unser heutiges Weltbild besagt, dass ein Mensch erfolgreich sein muss. Misserfolg ist schlecht. Im Prinzip ist das eine einseitige Betrachtungsweise. Der Misserfolg gehört genauso zum Leben wie der Erfolg. Bei den Chinesen ist Yang nicht möglich ohne Yin.

Nur der Misserfolg lässt Menschen seelisch und charakterlich reifen, wenn der Misserfolg richtig bewertet und ausgewertet wird. Wichtig ist jedoch auch, dass der Mensch nach einem Misserfolg nicht resigniert und aufgibt. Das wäre Sünde gegen Gott. Gott will, dass wir nach einem Misserfolg wieder aufstehen. Wir sollen mit Mut, sowie von Hoffnung getragen, neu anfangen und neue und bessere Wege und Lösungen für unser Ziel finden.

SCHICKSAL UND SÜNDHAFTES

Viele Menschen glauben an ein unabwendbares Schicksal, dem sie
unterworfen seien. In Wirklichkeit gibt es das nicht. Für diese
Tatsache gibt es verschiedene Gründe. Jede Seele und damit jeder
Mensch hat den freien Willen von Gott erhalten. Es gibt keine Zufälle.
Keine Energie geht verloren. Alle unsere Gefühle, Empfindungen,
Gedanken und Handlungen sind Energie, die wieder auf uns
zurückfällt. Was wir säen, werden wir wieder ernten, Gutes und
Böses. Die östlichen Lehren nennen es Karma, das Gesetz von
Ursache und Wirkung.

Unser so genanntes Schicksal ist daher immer ein eigenes „Machsal",
von uns selbst verursacht. Diese Erkenntnis schmerzt, weil wir damit
die Schuld für unser „Machsal" oder Schicksal (selbst geschickt,
selbst verursacht) nicht mehr anderen Menschen anlasten und
vorwerfen können und auch nicht Gott dafür verantwortlich machen
können.

Wenn ein Kind mit Gebrechen oder Behinderung geboren wird, so hat
das die Seele des Kindes bereits vor der Inkarnation so entschieden,
um Sündhaftes aus früheren Erdenleben durch Leid abtragen zu
können.

Das Problem von uns Menschen ist unser Sündhaftes. Würde es das
nicht geben, würden wir alle in Gesundheit und Wohlergehen leben.

Das Sündhafte, man denke an das Gleichnis von Adam und Eva im
Paradies, ist der Verstoß gegen göttliche Gesetze. Göttliche Gesetze
kennen wir aus den Zehn Geboten und aus der Bergpredigt Jesu. Das
Sündhafte ist auch das Negative, das von uns ausgeht. Es ist eine
Fehlhaltung gegenüber Gott und gegenüber unserem Nächsten, auch
gegenüber Tieren und der Natur als Ganzes.

Verstoßen wir gegen göttliche Gesetze, so laden wir Schuld auf uns. Man kann sich das so vorstellen, als würden wir in einen Rucksack auf unserem Rücken für jede Sünde einen schweren Stein legen, können diesen Rucksack jedoch nicht ablegen. In Wirklichkeit wird jedoch jede Sünde in unserem Oberbewusstsein, Unterbewusstsein und in unserer Seele gespeichert, wie Dateien auf der Festplatte eines Computers. Aber genauso werden auch unsere positiven Taten gespeichert.

Wir können sündigen durch negative, ungöttliche Gefühle, Empfindungen, Gedanken, Worte und Handlungen. Nachstehend eine Auflistung von Negativem, Ungöttlichem:

Streitlust, Feindseligkeit, Zorn, Hass, Neid, Missgunst, Ausbeutung anderer, Herrschsucht, Geltungssucht, Intoleranz (auch gegenüber anderen Ansichten, Meinungen), Lieblosigkeit, Abwertung anderer, eigene Aufwertung, Hochmut, Stolz, Überheblichkeit, Geiz, Verleumdung, Ehebruch, Maßlosigkeit, Gier, Urteilen über und Verurteilen von Menschen, Rechthaberei, Besserwisserei, anderen Menschen ihren freien Willen zu nehmen, sie sich zu unterwerfen, anderen Menschen Nachteile oder Schaden zuzufügen. Sündhaft sind auch Versagensängste und Resignation als fehlendes Vertrauen in Gottes Führung und Liebe.

Die häufigsten Sünden begehen Menschen, indem sie andere Menschen abwerten, sich lustig über sie machen, sie verspotten, sie mobben, wenn sie andere Menschen ablehnen. Das göttliche Gesetz ist, „liebe deinen Nächsten wie dich selbst". Alles, was gegen dieses Gesetz verstößt, ist sündhaft und wird registriert.

Gott straft seine Menschenkinder nicht, weil er die reine Liebe ist. Aber er hebt sein Gesetz von Ursache und Wirkung nicht auf. Wer sündhaft handelt, bestraft sich also selbst, in Form von Schicksalsschlägen. Was ist die Wirkung dieser Sünden?

Der Mensch fügt sich nach dem Prinzip von Säen und Ernten als seine Ernte diverse Möglichkeiten von Leid, Not und Elend zu. Das können Krankheiten, Unfälle, Verlust des Arbeitsplatzes, finanzielle Verluste, Verlust der Wohnung und anderes sein.

Wenn Sünden als Verstöße gegen Gottes Gesetze begangen wurden, wenn also Sündhaftes gesät wurde, werden diese Sünden zuerst im Oberbewusstsein und Unterbewusstsein gespeichert. Das löst noch keine Schicksalsschläge aus. Der Mensch erhält von Gott oder seinem Schutzgeist zunächst mehrere Mahnungen zur Umkehr. Solche Mahnungen könnten z.B. sein, dass man sich unerwartet an etwas heftig stößt, dass man sich in den Finger schneidet oder Ähnliches. Alles, was uns passiert, will uns etwas sagen, hat eine Botschaft für uns, weil es keine Zufälle gibt.

Wird der sündhaft handelnde Mensch nun aufmerksam und bittet Mitmenschen für sein Sündhaftes um Vergebung, dann werden die sündhaften Speicherungen in seinem Ober- und Unterbewusstsein gelöscht. Sie verbleiben dort nur als Erinnerung. Durch tiefe Reue und Bitte um Vergebung und Vergebung wird Sündhaftes in Licht und Kraft umgewandelt und stärkt den Körper.

Wird immer wieder gleiches oder ähnliches Sündhaftes getan, dann wird es auch in der Seele gespeichert. In diesem Falle kann eine Bitte um Vergebung nicht mehr einen Schicksalsschlag in vollem Ausmaß abwenden, sondern kann ihn nur lindern. Das mag jetzt vom Leser bzw. einer Leserin als Theorie angesehen werden. So ganz genau weiß ich es auch nicht. Aber jeder kann es ja ausprobieren und feststellen, was es bei ihm bewirkt, wenn er sich Gewissheit verschaffen möchte. Für mich selbst habe ich die Erfahrung gemacht, dass mein sündhaftes Handeln ernsthafte und ungute Folgen für mich hatte. Ich bin bestrebt, nicht erneut solche „Ernte" erleben zu müssen.

Wann schlägt das Schicksal beim Sünder zu? Da gibt es keinen Automatismus nach allem, was wir wissen oder glauben zu wissen. In

Gottes Reich gibt es weder Zeit noch Raum. Die Astrologen gehen hier von Planetenkonstellationen des sichtbaren Universums aus. So ganz falsch scheint das nicht zu sein. Andere Kundige behaupten, von der Geistigen Welt erfahren zu haben, dass auch für uns nicht sichtbare, sogenannte feinstoffliche, Planeten mit ihren Konstellationen Schicksalsschläge auslösen. Fazit ist, dass wir nicht wissen, wann unsere negative Ernte auf uns zuschlägt.

In diesem für uns Menschen nicht durchschaubaren System von Saat und Ernte spielt auch der Einfluss des so genannten Satans eine Rolle. Wir alle wissen, dass es in unserem Erdendasein um den Kampf von Gut gegen Böse geht. Das Böse, im Gleichnis vom Paradies symbolisiert von der Schlange, wird auch als Satan oder Luzifer oder als Dämon bezeichnet. In einem Busch las ich: Christus habe nach seiner Auferstehung und dem Kampf der himmlischen Heerscharen und deren Sieg über den Satan dem Satan das Recht zugebilligt, Menschen verführen zu dürfen. Das ist wohl auch eher als ein Gleichnis zu verstehen. Gott will wissen, ob seine Menschenkinder gegenüber der Verführung standhaft sind, ob sie die Reife haben, wieder ins Paradies, ins Gottesreich des Friedens, der Harmonie und des Glücks, zurückkehren zu dürfen. Falls diese Reife nicht besteht, werden die entkörperten Seelen in so genannten Reinigungsebenen, einem Purgatorium, ihr Sündhaftes ableiden müssen.

Mit dem Recht der Verführung von Menschenseelen hat der Satan auch die Energie, sehr sündhafte und damit sehr bösartige Menschen für eine gewisse Zeit vor einem Schicksalsschlag zu bewahren. Das ist die Erklärung dafür, dass es bösartigen Menschen vermeintlich gut geht, dass sie gesund sind und reich werden, was gegen die Wirkung von Gottes Gesetzen zu sprechen scheint. Wir haben es jedoch oft erlebt, dass sehr bösartige Menschen in höchste Höhen stiegen und nach einiger Zeit vom Satan fallen gelassen wurden und tief hinabstürzten ins Elend. Im Prinzip ist es so, dass Sündhaftes, dass in diesem Erdenleben nicht durch Leid und Not abgetragen wurde, im

Seelenreich, dem Purgatorium, mit größeren Schmerzen zu erleiden ist oder in einem späteren Erdenleben.

Uns Christen wurde immer auch Gottes Gnade gelehrt. Gottes Gnade besteht im Wesentlichen aus der uns gegebenen Möglichkeit, mit Hilfe des Vergebungsprozesses uns von unserem Sündhaften zu befreien. Durch den Vergebungsprozess wird die negative, sündhafte, Energie, die dem Körper Lebensenergie entzieht, durch den Christus-Gottes-Geist in positive Energie umgewandelt. Das ist eine Art Wunder!

Wie dieser Vergebungsprozess auszuführen ist, wurde schon im Kapitel „Privates Gebet" erklärt. Der Vergebungsprozess ist wahrlich unendlich wichtig, wenn wir nicht nur frei von Schuld werden wollen. Er ist auch wichtig für uns, wenn wir in Harmonie kommen wollen, gesund und glücklich bleiben oder werden wollen.

Sündhaftes Verhalten gegenüber einem anderen Menschen, mit dem wir zusammenleben oder zusammenarbeiten, belastet auch die Beziehung zu diesem. Er oder sie wird uns nicht oder nur widerstrebend, unwillig, bei dem unterstützen, was wir wollen. Bitten wir jedoch um Vergebung für das Sündhafte, das wir diesem Menschen in Gedanken zugesandt oder mit Worten oder Taten angetan haben und leisten ggfs. auch Wiedergutmachung, verbessern sich unsere Beziehungen zu unserem früheren Opfer. Das erleichtert erheblich unsere Zusammenarbeit mit anderen Menschen.

Es gibt zwar eine allgemeine Wirklichkeit. In dieser und zugleich daneben hat jedoch jeder Mensch sich seine eigene Wirklichkeit geschaffen, sein kleines Mikro-Universum, seine kleine Parallelwelt, in der er lebt. Dieses Mikro-Universum hat er sich mit seinem kleinen Ich, bestehend aus seinen Gefühlen, Empfindungen, Gedanken Worten und Handlungen geschaffen. Diese kleine Parallelwelt ist wie ein Kokon, in den er sich zurückziehen kann, in dem er sich geschützt fühlt.

Aber er ist nicht völlig geschützt. Seine Empfindungen und Gedanken verbinden ihn mit den anderen kleinen Welten um ihn herum. Sie verbinden ihn mit allen Menschen seines sozialen Umfelds. Denn alles, was er empfindet und denkt, was er zum Beispiel von anderen Menschen denkt, das sendet er auch ihnen zu. Und in gleicher Weise empfängt er in seinem Unterbewusstsein zumindest auch alles, was andere Menschen über ihn empfinden, denken und reden. Gefühle, Empfindungen, Gedanken und Worte sind Energien. Sie können Gutes, aber auch Schlechtes bewirken, entsprechend ihrem Inhalt.

Wenn ich ein überwiegend negativer Mensch bin, werden meine negativen Gedanken von den Menschen empfangen, die in ähnlicher Weise negativ sind wie ich. Und ich empfange ihre negativen Gedanken. Wir verstärken gegenseitig unser Negatives. Mit unseren Gedanken beeinflussen wir andere Menschen. Andere Menschen beeinflussen wiederum uns mit ihren Gedanken, wenn in uns eine Anziehung für diese Gedanken vorliegt. Unsere negativen Gedanken ziehen wie ein Magnet die negativen Gedanken anderer an. Ähnlich ist es mit den positiven Gedanken. Je positiver ich in meinen Empfindungen und Gedanken sowie in meinem Reden und Handeln bin, desto mehr bin ich geschützt gegen alles Negative um mich herum.

In einem meiner ersten Jobs in meinem Arbeitsleben sagte meine Frau oft, ich sei naiv, weil ich von allem Negativem um mich herum nichts mitbekommen hatte. In Wirklichkeit war ich jedoch von Gott und der geistigen Welt geschützt, weil ich voller positiver Absichten war und auch positiv dachte, redete und handelte.

Ohne uns dessen bewusst zu sein, schaffen wir uns mit unseren negativen Gedanken wieder neues Schicksal. Dieses Schicksal schlägt irgendwann zu, wenn wir nicht rechtzeitig bereuen und um Vergebung bitten für unsere negativen Gedanken und anderen Menschen unseres Umfelds nicht ihre negativen Gedanken vergeben. In Bezug auf unser Schicksal ist das Leben in dieser Welt also recht gefährlich.

Wir sollten uns daher bemühen, den in uns aufsteigenden negativen Gedanken möglichst keinen Raum zu geben, dass sie sich in uns ausbreiten und festsetzen können. Gleiches gilt für die negativen Gedanken, die uns von außen anschwingen, wenn also negative Meinungen und Nachrichten uns anregen wollen, ebenfalls negativ zu denken und eventuell sogar negativ zu reden und zu handeln.

PHYSISCHE UND GEISTIGE HEILUNG

Dieses Kapitel enthält einen Bericht eigener Erfahrungen mit alternativen Heilweisen. Leser*innen, die interessiert sind, eine oder mehrere der beschriebenen Heilverfahren für sich anzuwenden, sollten vorher ihren Hausarzt konsultieren, ob die Heilweise für sie geeignet ist. Ich kann keine Verantwortung dafür übernehmen, ob die bei mir erfolgreiche Heilweise auch bei anderen Menschen positive Wirkungen zeigt oder eventuell sogar negativ wirkt.

Physische Heilung mit Alternativmedizin

Alle Menschen möchten gesund sein. Das ist auch ihr göttliches Recht. Im Reich Gottes gibt es keine Krankheit und keine Armut. Krankheit und Armut sind das Ergebnis falschen Denkens und Verhaltens, sagt Gott.

Krankheit und Gesundheit haben ihren Sitz im Kopf, im Gehirn. Warum tun wir uns also z.B. Krankheit an? Es ist wohl in der Regel unser Eigenwille, falsch zu empfinden, zu denken, zu reden und zu handeln, was dann in uns die Krankheit verursacht.

Die häufigste Art von Krankheit sind Herz-Kreislauf-Erkrankungen. Wir ernähren uns mit „nicht artgerechter" Nahrung schreibt Dr. med. Spitzbart auf Facebook und auf Telegram in seinen diversen Beiträgen. Wer etwas für seine Gesundheit tun will, sollte die Beiträge (posts) von Dr. med. Spitzbart, einem deutschen Arzt mit Praxis in Salzburg, lesen.

Wer sich vegetarisch ernährt, hat keine Probleme mit Cholesterin, verklebten Adern, hohem Blutdruck und ähnlichem. Fleisch- und Wurstesser arbeiten sich mit ihrer Ernährung durch hohen Blutdruck an die Gefahr eines Herzinfarkts oder Schlaganfalls heran. Das ist bekannt, aber die Mehrzahl dieser Fleischesser ignoriert die Gefahr oder redet sie klein. Hier kann der Gottesgeist nicht helfen. Da helfen auch keine Gebete, wenn Gottes Wille (keine Tiere oder Teile von Tieren zu essen) missachtet wird.

Krebs

Die zweithäufigste Krankheit und Todesursache ist die Krebserkrankung. Dr. Otto Stemmer schreibt in seinem Buch: „Physiologie der Magnetfeldbehandlung (Dr. Otte Stemme Verlag, München) auch einiges zur Krebszelle. Die Krebszelle ernährt sich wie eine normale Zelle auch von Sauerstoff, aber vorwiegend von Gärung. Seine Empfehlung zur Krebs-Prävention ist, auf genügend Zufuhr von Sauerstoff mit der O_2-Mehrschritt-Sauerstofftherapie nach Manfred von Ardenne zu achten und mit Magnetfeldbehandlung dafür zu sorgen, dass die Kapillaren mit sauerstoffgesättigtem Blut versorgt werden.

Im Internet kann man auch lesen, dass sich Krebszellen nur in einem übersäuerten Körper vermehren können, was die Gärung fördert. Wodurch wird der Körper übersäuert? Durch das Essen von Fleisch, Wurst und Käse, zum Beispiel. Kurt Tepperwein schrieb in einem Buch über Übersäuerung, dass man für ein gegessenes Steak von 200 g etwas mehr als 40 Liter Wasser trinken müsse, um die entstandene Säure über die Nieren auszuscheiden. Will man wissen, wie hoch die eigene Säurebelastung ist, misst man frühmorgens den Harn mit einem Indikatorpapier aus der Apotheke. Zeigt der Messtreifen weniger als pH 7 an, hat man zu viel Säure im Körper, sehr vereinfacht ausgedrückt. Richtigerweise kauft man sich ein Buch über Übersäuerung und verfährt bei den Messungen, wie dort angegeben. Meine Erfahrung ist, dass der Urin schon um 7 Uhr bei ca. pH 7,2 bis 7,4 liegen sollte.

Dr. med. Spitzbart schrieb am 04.April 2022 auf Telegram zum Schutz vor Krebs. Ich zitiere hieraus einige Feststellungen, zum Teil sinngemäß:

„Merke: Je höher der Kohlenhydrat- bzw. Zuckergehalt der Ernährung ist, desto steiler steigt die Krebsrate an" Im Gegensatz zu gesunden Zellen vergären Krebszellen Zucker zur Energiegewinnung und können sich so gut vermehren. „Ich behandele meine Patienten sehr erfolgreich mit dieser Methode des Zuckerentzugs. Auch für die Prophylaxe ist das wichtig. Zusätzlich optimiere ich das Immunsystem und arbeite mit hohen Dosen Vitamin C, Vitamin D und Selen. Achtung: B-Vitamine und Folsäure sind während der Krebsbehandlung tabu."

Ich empfehle, die Artikel von Dr. Spitzbart auf Telegram zu lesen, aber dabei immer zu prüfen, ob der Rat für einen persönlich nützlich ist.

Das sind alles Informationen, die auch krebskranken Menschen zur Verfügung stehen.

„Der Verzehr von Schweinefleisch ist der Gesundheit nicht zuträglich. Die Zellen von Schweinen sind den menschlichen Zellen sehr ähnlich und lagern sich deshalb im menschlichen Körper ein. Schweinefleisch ist voll von sogenannten „Sutoxinen", Gift- und Belastungsfaktoren, auf die man sogar süchtig werden kann. Beispielsweise kann es Juckreiz erzeugen aufgrund seines hohen Histamingehalts (Allergien). Histamin und Wachstumshormone können Entzündungsvorgänge einleiten, die Hormone zu Gewebewachstum führen (Adipositas). Dies ist nur eines von vielen Beispielen. Ich empfehle den ausführlichen Artikel von Dr. med.

Manfred Reckeweg (www.manfred-wahl.de/reckeweg_schweinefleisch.pdf). Übrigens: auch sogenannte Kalbs- und Rindswurst enthalten Schweinefleisch." Auszug aus "WIE FREQUENZEN HELFEN KÖNNEN", von Dr. med. Jutta Mauermann. Die Broschüre ist (kostenfrei) zu bestellen auf www.alternativgesund.de.

Nachstehend ist ein Vortrag von Dr. h.c. Ulrich Knop zu lesen, den er 15.09.2001 in Ludwigshafen gehalten hat, im Rahmen eines Seminars zur Elektro-Therapie Charles Waldemar. Dr. h.c. Knop ist Akad.-Doz. für medizinische Bionik.

Gesundheitsgefahr durch Schweinefleisch – von Dr. h.c. Ulrich Knop

Schweine-Eiweiß unterscheidet sich nur durch eine Aminosäure vom Human-Eiweiß.
Isst man Schweinefleisch, so wird das Schweine-Eiweiß durch das Pfortader-Lebersystem durchgeschleust wie Human-Eiweiß.

Betrachten wir die Entwicklung von der Zeugung eines Menschen an.
Die Placenta ist ein Filter und hat eine Stoffwechselfunktion. Das geborene Baby hat nur reines Human-Eiweiß.

Die Thymusdrüse stellt 22 Fraktionen her. Sie geben 22 Immun-Antworten auf Umwelteinflüsse. Diese Entwicklung ist abgeschlossen mit dem 14. bis 15. Lebensjahr.
Ab diesem Zeitpunkt ist der Körper immunologisch abgeschlossen. Die Thymusdrüse verfettet dann. Das Immunsystem ist nun auf uns geprägt.

Wenn wir jetzt Schweineproteine in unseren Körper hineinbringen, indem wir Schweinefleisch essen, kommt Fremdblut, Fremdeiweiß in unseren Körper. Nach der Bibel ist das Kannibalismus.
Schweineproteine und Blutkonserven gehen durch die Blut-Hirnschranke und können Parkinson und Alzheimer verursachen.

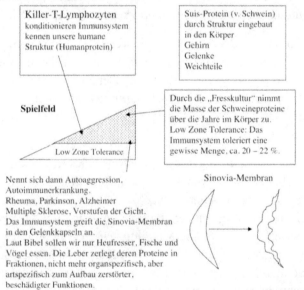

Killer-T-Lymphozyten
konditionieren Immunsystem
kennen unsere humane
Struktur (Humanprotein)

Suis-Protein (v. Schwein)
durch Struktur eingebaut
in den Körper
Gehirn
Gelenke
Weichteile

Spielfeld

Low Zone Tolerance

Durch die „Fresskultur" nimmt die Masse der Schweineproteine über die Jahre im Körper zu.
Low Zone Tolerance: Das Immunsystem toleriert eine gewisse Menge, ca. 20 – 22 %.

Nennt sich dann Autoaggression.
Autoimmunerkrankung.
Rheuma, Parkinson, Alzheimer
Multiple Sklerose, Vorstufen der Gicht.
Das Immunsystem greift die Sinovia-Membran
in den Gelenkkapseln an.
Laut Bibel sollen wir nur Heufresser, Fische und Vögel essen. Die Leber zerlegt deren Proteine in Fraktionen, nicht mehr organspezifisch, aber artspezifisch zum Aufbau zerstörter, beschädigter Funktionen.

Sinovia-Membran

Übersäuerung - Schmerzen

Übersäuerung kann auch Schmerzen verursachen.

Beispiel: Eines Tages klagte meine Nachbarin über heftige Schmerzen in ihren Füßen. Der Hausarzt hatte sie zu einer Spezialklinik in der 80 km entfernten Großstadt geschickt. Die Ärzte konnten ihr nicht helfen. Daraufhin war sie für 3 Wochen in einer Schmerzklinik (Enzensberg). Solange sie die täglichen Spritzen gegen die Schmerzen erhielt, hatte sie keine Schmerzen mehr. Aber zuhause waren die Schmerzen wieder da.

Ich empfahl ihr, ihre Übersäuerung zu überprüfen und Basenmittel (z.B. Basica, Dr.Jacobs Basenmittel, Bullrichsalz etc) einzunehmen. Schon nach kurzer Zeit der Entsäuerung waren ihre Schmerzen in den Füßen so gering geworden oder gar verschwunden, dass sie keine Bedeutung mehr für sie hatten und keinen Grund zur Klage.

Empfehlung auch aus eigener Erfahrung: Wenn Schmerzen auftreten, deren Ursache man sich nicht ohne Weiteres erklären kann, sollte man prüfen, ob der Körper übersäuert ist. Der Körper ist oft nicht allein vom Essen säureüberschüssiger Nahrung (z.B. Kuchen, Eis, Hülsenfrüchte usw.) übersäuert, sondern auch durch Stress. Letzteres trifft meist bei mir zu.

Jetzt hatte ich seit einigen Tagen heftige Rückenschmerzen, LWS 5/Kreuzbein 1, auch Iliosakralgelenk. Da half mir sofort meine Elektroakupunktur. Aber am nächsten Tag war der Schmerz wieder da, teils recht heftig. Meine Harnmessung, erst um 8 Uhr zeigte gute pH-Werte, um die 7,5. Die Messung war zu spät. Aber meine Rute, mein Biotensor, sagte mir, dass mein Körper übersäuert sei. Ich nahm mit meinem Müsli etwas Basica ein und mittags eine Basentablette. Die Schmerzen hatten daraufhin stark nachgelassen. Sie waren nicht mehr störend, fast weg. Nun würde auch Elektroakupunktur, zweimal in der Woche, den letzten Rest der kaum noch spürbaren Schmerzen dauernd beseitigen. Ich kann nicht sage, ob diese Vorgehensweise gegen alle Schmerzen hilft. Einige Tage lang ausprobieren, dann weiß man es. Gegen Schmerzen hilft nach meiner Erfahrung auch Magnetfeldtherapie, gezielt am Ort des Schmerzes, z.B. mit dem Metronom solar. Beschreibung folgt später.

Frequenztherapie

Die Frequenztherapie nach Dr. Hulda Clark kann bei vielen Krankheiten Linderung, vielleicht auch Heilung bringen. Die Dunkelfeldmikroskopie zeigt, dass verklumpte Erythrozyten – ähnlich

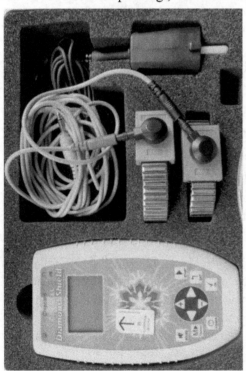

wie Geldrollen miteinander verklebte Blutplättchen – nach 7 Minuten Zappen nicht mehr verklebt sind und durch feinste Kapillaren fließen. Die Fließeigenschaften des Blutes werden damit verbessert mit Aktivierung des Immunsystems, heißt es in dem Buch von Alan E. Baklayan: „Sanftes Heilen mit harmonischen Schwingungen". Zu bestellen bei www.mannyan.com.

Ich verwende einen Frequenzgenerator (von mannayan) mit diversen Chipcards gegen Katarakt (grauer Star), zur

Entgiftung (Detox mit Aktivierung von Leber und Nieren), gegen Karies, wenn nötig gegen Grippe, kürzlich gegen Salmonellen und auch bei diversen anderen Wehwehchen, wenn sie auftreten. Beispiele aus eigener Erfahrung: Blase/Prostata, Magen (bei Magen-Problemen), Heliobacter (Virus im Magen), Gefäße (Reinigung von Ablagerungen), Lunge, HNO, Pilze, Nerven, Warzen, Zähne, Bio-energetische Blockaden, Lymphdrainage.

Die bei www.alternativgesund.de kostenlos erhältliche Broschüre „Wie Frequenzen heilen können" von Frau Dr. med. Mauermann listet eine Vielzahl von Chipcards auf für viele Heilungsmöglichkeiten.

Die Frequenztherapie schwächt Parasiten, Bakterien und Viren, sodass das Immunsystem sie leichter eliminieren kann. Beim Katarakt kann ich dank Frequenztherapie und dank pulsierender Magnetfeldtherapie (MFT) wieder besser sehen, sodass ich keine Augenoperation brauche und morgens bei gutem Licht sehr kleine Schrift ohne Brille lesen kann.

Ziemlich regelmäßig benutze ich die Chipcards Katarakt, Gefäße, Nerven, Detox und Zähne, andere nach Bedarf.

Das Foto zeigt einen Ausschnitt aus dem Aufbewahrungskoffer mit dem Frequenzgenerator und den Armmanschetten als Elektroden. Auf das Gerät habe ich als Beispiel eine Chipcard gelegt, die normalerweise für die Behandlung in einen Schlitz am Kopf des Geräts eingesteckt wird.

Das Modell Diamond Shield Crystal bietet die Möglichkeit, mit einem Bauchgurt mit Hilfe von Frequenzen alle Meridiane auszugleichen. Das soll innerhalb von 8 Monaten erreicht werden. Damit würde Harmonie und Gesundheit erreicht werden. Es gibt offenbar Heilungsberichte. Wenn ich keine andere Möglichkeit der Heilung hätte, würde ich diesen Ausgleich der Meridiane nutzen.

Magnetfeldtherapie (MFT)

Die Firma AMS sagt auf ihrer Website von ihren MFT-Geräten, dass die pulsierenden Wechselfelder dem Körper zur Regulation verhelfen sollen, dass die von den Geräten erzeugten bioenergetischen Schwingungen Prozesse der Selbstheilung anregen sollen. Die Erklärungen von AMS sind einfach zu verstehen.

Die pulsierende MFT benutze ich seit vielen Jahren mit Erfolg. Die Wirkungsweise mit guten Heilerfolgen ist in dem schon erwähnten Buch von Dr. Otto Stemme sehr gut erklärt, aber schwierig zu lesen, es sei denn, man liest nur das, was man als Laie versteht, wie ich es tue. Dr. Stemme hat eine andere Erklärung für die MFT als Fa. AMS. Auf einen einfachen Nenner gebracht: Die MFT, pulsierend, mit wechselnden Frequenzen arbeitend, erhöht den Sauerstoffgehalt (Grad der Sauerstoffsättigung) im Blut. Anheizung des Stoffwechsels in von MFT betroffenen Gewebebereichen mit Öffnung von Kapillaren (kleinste Blutadern) und ganzen Kapillarnetzen. (lt. Dr. Stemme, S. 144). Die zelluläre Energiegewinnung wird oft durch die Sauerstoffzufuhr bestimmt und limitiert (S. 172). MFT verbessert die Durchblutung, die für viele Heilungsvorgänge wichtig ist. Dr. Stemme zeigt folgenden stichwortartigen Einsatzplan (S. 173) für die MFT:

Durchblutungsstörungen
Periphere Durchblutung Extremitäten
Migräne
Alterungsprozess – lokale Alterungserscheinungen
Alterung der Haut – verschlechterter Spannungszustand (Turgor) der Haut
Hautunreinheiten
Akne
Wundheilung – Stützgewebebildung
Knochenheilung
Arthritis - Polyarthritis

Rheuma

Arthrose

Körpereigene Abwehr

Krebs

- Therapie

- Prophylaxe

- Risikosenkung nach chirurgischer Tumorentfernung

Ich habe eine Theramag-Magnetfeldmatte, die ich vor Jahren als Zweitmatte preisgünstig gekauft hatte. Kosten heute ca. 500,00 €. Sie fördert allgemein die Durchblutung meines Körpers. Das ist besonders im Alter wichtig.

Experten streiten über die notwendige Feldstärke der MFT. Einige halten mindestens 2 mT (Milli-Tesla) für notwendig, andere glauben, dass mit geringen Feldstärken von 35 bis 50 Micro-Tesla und weniger für den Körper kleine Reize zur Neuorganisation (Regulierung von Funktionen) gesetzt werden sollen.

Ich habe seit 17 Jahren von Fa. AMS GmbH ein mobiles kleines MFT, das Metronom solar, mit nur sehr geringer Feldstärke (0,17 – 3,8 µT), Preis jetzt ca. 500 €. Ich stecke es morgens in meine Hemdbrusttasche zur Anregung der Thymusdrüse oder lege es auf den Solarplexus. Mit dem kleinen Gerät habe ich Muskelfaserrisse behandelt (Heilungszeit verkürzt), behandle erfolgreich meine Augen gegen Katarakt. Beseitige Schmerzen.

Das Metronom solar hat fünf Frequenzen fest einprogrammiert. Button „Sonne", mit automatischem Frequenzdurchlauf von ca. 1000 Hz absteigend bis ca. 1 Hz. Und Buttons für „Power", „Yin(Yang" (Ausgleich der Meridiane). „Mond" (beruhigend), „Handy" (Elektrosensibilität, Tiefenentspannung). Auf der Stellung Sonne durchläuft das Gerät die Frequenzen von Hulda Clark und Royal Rife, wirkt also als ein Zapper, wie der schon vorher beschriebene Frequenzgenerator. Die Rife-Frequenz von 1.000 Hz soll

Entzündungen entgegenwirken, die im Alter häufiger auftreten als in jungen Jahren. Die Wirkung als Zapper schwächt Parasiten, Bakterien und Viren, Pilze, sodass sie vom Immunsystem leichter eliminiert werden können. Im Gegensatz zum üblichen Zapper wirkt das Magnetfeld auch intrazellulär, ein Vorteil. Das Gerät wirkt also in der Stellung Sonne etwas anders als übliche MFT-Geräte.

In der Vergangenheit hat mich mein Metronom solar von Knieschmerzen befreit. Es kann auch gut Schulter-Schmerzen beseitigen, gegen die ich bisher mein MFT Pamatron einsetzte.

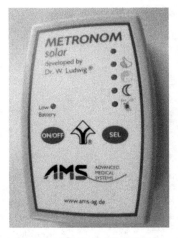

AMS verweist auf eine britische Doppelblindstudie, die mit dem Gerät Medicur (einem ähnlichen Gerät wie das Metronom solar) die Wirksamkeit von 7,8 Hz nach schulmedizinischen Kriterien bei Kniearthrose belegt hat.

Zurzeit behandle ich meine Ohren, damit sich mein Hörvermögen nicht verschlechtert, sondern eher verbessert. Mein Lehrer für Elektro-Akupunktur hatte mir das kleine MFT-Gerät von AMS empfohlen. Es half ihm viele Stunden mit dem Auto zu fahren, ohne Sekundenschlaf. Das gelang mir auch. Ich bin 2007 nach Berlin gefahren mit dem kleinen Gerät, war gut 6 Stunden unterwegs, ohne Sekundenschlaf!

Von der Fa. AMS, dem Hersteller des Metronoms solar, erhielt ich jetzt den nachstehenden Link:

https://www.ams-ag.de/grundlagen-magnetfeldtherapie/magnetfeldtherapie-und-bioinformative-medizin/qualitaetsmerkmale/magnetfeldstaerke.html

Aus dieser Website zitiere ich bruchstückhaft nachstehenden Text:

„Physiologische Ansprechschwelle

Das künstlich erzeugte Magnetfeld darf eine bestimmte
Intensität weder unter- noch überschreiten.

Um dem Körper die vom Gerät erzeugte
elektromagnetische Welle verständlich zu machen, ist es
zunächst wichtig, dass die **„physiologische
Ansprechschwelle"** erreicht wird.

Symbol und chin. Element	Frequenz	Anwendungsbeispiele
Erde	Frequenzdurchlauf 1000 - 1 Hz	**Basisprogramm** • Stabilisierung und Harmonisierung des Organismus • Unterstützung der Abwehr • Zapperfunktion durch die Oberwellen bis in den MHz-Bereich
Feuer	33 Hz	**anregend** • setzt Energie frei • nützlich bei Abgeschlagenheit, Müdigkeit, Erschöpfung, Energiemangel
Holz	7,8 Hz Hauptwert Schumannfrequenz	**ausgleichend / stabilisierend** • schenkt Kraft, fördert Ruhe, Ausgleich und Konzentration • die Schumannfrequenz ist unsere wichtigste „Wohlfühlfrequenz" • Energetisierung von wasserhaltigen Lebensmitteln, indem Sie das Gerät etwa eine Minute lang daneben legen
Metall	3,0 Hz	**beruhigend / entspannend** • begünstigt Entspannung und Schlaf, unterstützt bei Nervosität und Schlafstörungen
Wasser	1,2 Hz	**Elektrosensibilität** • unterstützt bei Sensibilität auf Elektrosmog • fördert Entspannung und Abwehrkräfte

Es ist so, wie wenn man Musik hören möchte. Wenn man
den Lautstärkeregler komplett herunter dreht, ist die Musik
nicht hörbar. Dreht man ihn nun langsam herauf, kommt

man irgendwann an einen Punkt, an dem die Musik hörbar wird. Das ist die **„physiologische Ansprechschwelle"** – wir hören, wir „verstehen"."

Dazu ein weiterer Auszug:

„Für die Magnetfeldtherapie gilt also: Es muss lediglich die **physiologische Ansprechschwelle** erreicht werden – eine größere Intensität kann unter Umständen sogar kontraproduktiv wirken. Deshalb liegt die **Magnetfeldstärke** der von Dr. Ludwig entwickelten Geräte bei geringen 0,2 – 20 µTesla."

Der amerikanische Physiker R. Adey hat das an den Zellen von Kükeneiern untersucht.

Es ist wie bei vielen Dingen in der Wissenschaft. Es gibt laufend Behauptungen Was können wir glauben? Es gibt nur eine Lösung: selbst ausprobieren. Was dem einen hilft, kann dem anderen eventuell schaden oder es hilft nicht. Also vorsichtig experimentieren. Oder mit Hilfe des kinesiologischen Armtest, mit dem viele Heilpraktiker arbeiten oder mit der Einhandrute den Körper befragen, ob eine geplante oder angefangene gesundheitliche Maßnahme der eigenen Gesundheit förderlich ist. Aber es gilt wohl auch hier: „euch geschehe nach eurem Glauben (Mt 9, 29)".

Ich habe noch ein kleines MFT-Gerät (Marke Pamatron) mit Feldstärke von 1,2 mT. mit dem ich weit überwiegend mein rechtes Knie von Schmerzen als Folge eines Sportunfalls in 1957 befreie, in Verbindung mit wöchentlicher Elektro-Akupunktur. Das ist zu 99 % aller Tage wirkungsvoll. Leider existiert die Fa. Pamatron nicht mehr, weil der Inhaber verstorben ist. Im Internet dürfte es aber wohl auch mobile Geräte für pulsierende MFT geben.

Übrigens: ich habe gerade meinen Körper mit meiner Rute befragt: Antwort: meine beiden MFT-Geräte können meine rechte Schulter heilen.

Ich hatte an einem Tag am Schienbein starken Juckreiz. Üblicherweise trägt man eine Cortison Creme auf, welche die Durchblutung fördert und Entzündungen hemmt oder etwas Mikrosilber-Creme von Norma. Stattdessen befestigte ich mit dem Klettband mein Metronom solar am Schienbein mit Einstellung als Zapper gegen Bakterien, Viren usw. Nach 15 Minuten war der Juckreiz weg, ohne Chemie! MFT bremst auch Entzündungen.

MFT hilft auch gegen RSI (Repetitive strain injury), auch als Sekretärinnenkrankheit oder Mausarmkrankheit (oder Tennisarm) bezeichnet. Der Schmerz war im rechten Handgelenk. Nach 15 Minuten MFT-Behandlung waren die starken Schmerzen stark reduziert.

Die eigenen Erfahrungen sind immer am besten, wenn auch nicht immer gut. Folgende Erfahrungen sind ganz neu. Ich wusste von meiner ersten MFT-Matte von Pamatron, dass die Feldstärke im Kopfbereich reduziert war durch weniger Kupferspulen zur Übertragung der Magnetfelder. Von meiner Elektro-Akupunktur lernte ich, dass man im Kopfbereich nur mit sehr schwachem (unterschwelligem) Strom arbeiten soll. Trotzdem macht man Fehler. Ich verwendete mein MFT-Gerät von Pamatron mit Feldstärke 1,2 mT und Frequenz 10 Hz unter meinem Hinterkopf zur Verbesserung der Durchblutung meiner Ohren – abwechselnd mit dem Metronom solar.

Nach einer Woche oder etwas länger bekam ich Augenschmerzen. Anfangs konnte ich es mir nicht erklären, bis ich erkannte, dass für meinen Kopf die Feldstärke von 1,2 mT zu hoch ist. Ich verwende nun nur noch das Gerät Metronom solar, das sich bei Behandlung meiner Augen gegen Katarakt gut bewährt hatte.

Heute, an einem Samstag, traten plötzlich Zahnschmerzen am rechten Oberkiefer auf. Meine bisher bewährte Akupressur half nicht. Ich legte nun für 10 Minuten mein MFT-Gerät Metronom solar auf den schmerzenden Gesichtsbereich. Daraufhin war der Schmerz stark reduziert. Später legte ich das Gerät für 5 Minuten auf den locus doli.

 Jetzt waren die Schmerzen fast weg. Wenn ich Zeit habe, werde ich das Metronom solar noch einmal 15 Minuten auf den locus doli legen.

Das Metronom solar wurde mit einer Bandage geliefert. Hierzu habe ich mir von einer Schneiderin eine Tasche annähen lassen, damit das Gerät sicher befestigt ist und nicht von der Bandage herunterfallen kann. Lt. Hersteller soll man das Gerät auf die Thymusdrüse legen oder den Solarplexus.

Ich lege neuerdings das Metronom solar mit der Bandage auf meinen Solarplexus. Das tut meinem Magen und Darm gut.

Elektro-Akupunktur

Die Akupunktur mit Nadeln ist seit mehreren tausend Jahren als Heilungsmethode in China und später auch in Europa etabliert. Danach kamen findige Leute darauf, dass man die Akupunkturpunkte, anstelle sie mit Nadeln zu stimulieren, auch mit elektrischen Impulsen stimulieren kann.

Ich bekam Anfang 2001 eine Werbung, in der von dem Bioenergetiker Charles Waldemar berichtet wurde, dass mit seinem Elektro-Akupunktur-Gerät mit Frequenz von 10 Hz ein Behinderter bei Olympia erfolgreich war. Ich kaufte das Gerät – genannt EAW (für Elektro-Akupunktur Waldemar) damals für rd. 1.000 DM und habe es nie bereut. Leider gibt es die Vertriebsfirma Perseus (Charles

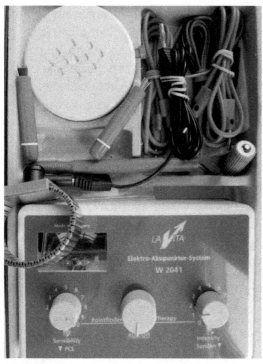

Waldemar), nicht mehr, weil die handelnden Leute verstorben sind, die Nachfolger in Rente sind.

Die ursprüngliche Herstellerfirma, AAM GmbH, 77995 Ettenheim, die das Gerät nach Vorgabe von Waldemar mit einer besonderen analogen Signalform für die Vertriebsfirma Perseus herstellte, hat nach Schließung der Firma Perseus das Gerät unter der Bezeichnung „Lavita DE 2041" (vorher Lavita W2041) nur noch in geringen Stückzahlen für langjährige Kunden produziert, ohne aktive Vermarktung. Die AAM GmbH, von der mein derzeitiges Gerät, „LAVITA W 2041" stammt, produziert leider das Gerät nicht mehr und so etwas Gutes gibt es zurzeit nicht als Ersatz, als Neuware, auf dem Markt. Das Besondere an dem Gerät sind die Elektroden, eine große 11-Stift-Elektrode für großflächige Behandlung, eine 7-Stift-Elektrode für Punkt-Behandlung und eine 3-Stift-Elektrode für Behandlung am Ohr. Wenn genügend Nachfrage da ist, würde die AAM GmbH das Gerät wohl wieder produzieren. Leider braucht man heutzutage in der EU für eine Zulassung als medizinisches Gerät ein teures wissenschaftliches Gutachten, was eine Produktion kleiner Stückzahlen unrentabel macht.

Geräte der ersten Generation von Waldemar kann man bei ebay kaufen. In Bezug auf den Kauf eines gebrauchten EAW muss man keine Bedenken haben. Ich habe ein E-Akupunkturgerät nach Waldemar für meine Füße (Reflexonator genannt) von Euronics in Kassel reparieren lassen. Vermutlich repariert auch die AAM GmbH solche Geräte. Zumindest hat sie mein Gerät schon einmal repariert.

Um mit der Elektro-Akupunktur nach Waldemar den maximalen Nutzen zu erzielen machte ich ein 2-tägiges Seminar. Später zeigte sich, dass ich von dem im Seminar Gelernten nicht den vollen Gebrauch mache, d.h. ohne Beachtung der 5-Elemente und mich nur auf die Bedienungsanleitung und den Akupunkturatlas stütze. Und es funktioniert gut. Richtigerweise muss man bei der Akupunktur immer beide Seiten eines Meridians, also rechts und links, behandeln. Das ist sehr zeitaufwendig, ist aber im Zweifel notwendig und hilfreich.

Ich benutze das Gerät inzwischen nicht immer mit dem in Büchern für Akupunktur vorgegebenem Programm mit vielen Akupunkturpunkten, sondern manchmal nur teilweise und manchmal nur mit Behandlung des jeweiligen locus doli (Ort des Schmerzes).

Der Einsatz des EAW hat mich von Trigeminusneuralgie befreit, einer sehr schmerzhaften Erkrankung. Ich habe mir die passenden Akupunkturpunkte aus dem mit meinem Gerät mitgelieferten Buch herausgesucht, und meine eigene Auswahl getroffen.

Die Elektro-Akupunktur half mir auch bei einem Hörsturz. Nach etwa 15 Jahren hatte ich meinen zweiten Hörsturz beim linken Ohr, bekam Infusionen bei einem Arzt im Nachbarort. Ein Jahr später hatte ich einen Hörsturz am rechten Ohr und verlangte von meinem Hausarzt am Wohnort Infusionen. Mein Hausarzt lehnte diese ab und verlangte, dass ich zuerst zu einem HNO-Arzt in der 20 km entfernten Stadt fahren sollte. Das wollte ich nicht. Ich behandelte mein rechtes Ohr mit meinem EAW-Gerät und mit Homöopathie und hatte das Problem schnell behoben.

1973 wurde ich in Stuttgart an der Bandscheibe operiert, LWS 4/5. Seit dieser Zeit habe ich immer mal wieder Schmerzen in dieser Region, eher wohl auch im Bereich des Iliosakralgelenks. Dann lege ich meine 11-Stifte-Elektrode auf den Bandscheibenbereich (die Dornfortsätze) und anschließend auf den ISG -Bereich. Die Schmerzen sind dann bald weg.

Wenn Schmerzen am Hüftgelenk auftreten, beseitigt die 11-Stifte Elektrode schnell die Schmerzen. Man sollte den Schmerz aber frühzeitig angehen, damit er sich nicht verstetigt.

Gute Ergebnisse erreiche ich auch an meinem rechten Knie, an dem ich 1957 beim Hallenhandball Bänderrisse 2. und 3. Grades erlitt. Einmal in der Woche behandle ich mein Knie mit E-Akupunktur (7-Stifte-elektrode), andere Tage mit Magnetfeldtherapie. Das bewirkt, dass ich ohne Schmerzen laufen und Treppen steigen kann!

Als bei mir vor einigen Jahren ein Schnappfinger und eine Rhizarthrose an der rechten Hand auftraten, riet mir mein Hausarzt zur Operation. Ich behandelte den Finger und den Daumen mit E-Akupunktur (7 Stifte-Elektrode) und beseitigte die Beschwerden, ebenso auch Schmerzen an dem großen Zehgelenk.

Die Elektro-Akupunktur ist auch sehr hilfreich bei der Behandlung von RSI (Repetitive Strain Injury), auch als Mausarmkrankheit (oder Tennisarm) bekannt, den kleinen Mikroverletzungen, die zu Schmerzen vom Handgelenk bis zur Schulter führen können.

Kürzlich traten heftige Schmerzen in meinem Handgelenk auf und ich erkannte, dass es sich um RSI handelt, was ich in früheren Jahren schon öfter gehabt hatte durch zu vieles Schreiben am Computer. Damals konnte ich anfangs keine Teekanne und kaum noch meinen Elektrorasierer halten. Mit Elektroakupunktur hatte ich die Beschwerden behoben. Jetzt erlebe ich, dass mit kurzer Behandlung des Handgelenks (1-2 Minuten), vorwiegend Punkte Lunge 9, 10, Herz 7, die heftigen Schmerzen ganz schnell reduziert werden.

Allerdings sollte man noch 4 Punkte am Ellenbogen behandeln, Zwei befinden sich oberhalb und neben dem Ellenbogenknochen in Vertiefungen und sind leicht zu finden. Die zwei anderen liegen unter und neben dem Ellenbogenkonchen, ebenfalls in hier aber nur sehr leichten Vertiefungen. Ggfs. kann man noch den Ansatz des Deltamuskels behandeln.

Nachstehend eine Anleitung für die Behandlung des Kniegelenks aus der Bedienungsanleitung meines früheren Geräts EA Waldemar: Zitiert aus: ELEKTRO-AKUPUNKTUR System CHARLES WALDEMAR, Seiten 46, 47, „Schmerzende Knie"., Perseus Edition – Zürich – München.

Die alte Bedienungsanleitung stellt etwas vereinfacht die Punkte dar, die zu behandeln sind, ohne Benennung der Meridiane und ohne korrekte Benennung der Akupunkturpunkte.

Ich habe für mich in dem Bild einige korrekte Punkte eingezeichnet, was vielleicht in der Abbildung nicht gut erkennbar ist. Der erste Akupunkturpunkt ist der Gb 34 (Gallenblase-Meridian), der Meisterpunkt der Muskulatur. Er liegt rechts und links außen unterhalb des Kniegelenks (am unteren Rand des Knubbels) und ist 40 Sekunden mit stärkerer Stromkraft, also überschwellig, zu behandeln. Der nächste Punkt ist der B 62, unterhalb des äußeren Fußknöchels und ist 30 Sekunden lang mit schwacher (unterschwelliger) Stromkraft zu behandeln. Er wirkt krampflösend, sedierend.

Oberhalb der Kniescheibe sind zuerst links am rechten Knie, dann rechts am rechten Knie, zwei Punkte zu behandeln mit schwacher Stromkraft, 20 Sekunden jeweils.

Schmerzende Knie

Die Knie sind besonders bei älteren Menschen oft empfindlich, die Gelenke können bei Wetterwechsel anschwellen, besonders bei Kälte und Nässe. Aber es kann sich auch um Arthritis handeln, – jedenfalls hilft die Behandlung folgender Punkte:

1. Anwendung:
Seitlich außen unter dem rechten Kniegelenk, nahe in der Vertiefung beim Wadenbeinköpfchen setzen Sie die A.E. erst 40 Sekunden lang mit stärkerer Stromkraft an, das gleiche dann unter dem linken Kniegelenk. (s. Abb. 15a)

2. Anwendung:
Sie setzen die A.E. seitlich am rechten Knie vorne an, erst links dann rechts, jeweils 20 Sekunden mit halbstarker Stromkraft; dasselbe am linken Knie. (s. Abb. 15b)

3. Anwendung:
Die A.E. wird an der Außenseite des rechten Fußknöchels angesetzt, 30 Sekunden mit schwacher Stromkraft, dasselbe am linken Fuß. (s. Abb. 15c)
Die A.E. erst links seitlich unter der rechten Kniescheibe ansetzen, 20 Sekunden lang mit halbstarker Stromkraft, dasselbe an der rechten Seite unter der Kniescheibe. Die Anwendung dann am anderen Knie wiederholen. (s. Abb. 15d)

4. Anwendung:
Über die rechte Kniescheibe setzen Sie die A.E. an der Sehne an, 30 Sekunden lang mit halbstarker Stromkraft, dann die A.E. über die linke Kniescheibe ansetzen. (s. Abb. 15e)

46

Diese Punkte liegen auf keinem Meridian, es sind Sonderpunkte. Sie gehören zu Extrapunkten an Bein und Fuß. Bezeichnung: Ex-BF 1 (Kuan Gu). Sie liegen etwa am Ausläufer des Kniegelenks, seitlich von Ma 34 (Magenmeridian). Die). Die gleichen Punkte sind daraufhin am linken Bein zu behandeln.

Die Extrapunkte an Bein und Fuß habe ich in dem Buch; „SEIRIN-BILDATLAS DER AKUPUNKTUR" gefunden, Seiten 336-338.

Dieser Bildatlas ist nicht teuer und ist ein sehr wertvoller Helfer. Anschließend sind zwei Punkte unterhalb der Kniescheibe zu behandeln, zuerst am rechten Bein, erst links, dann rechts, jeweils mit 20 Sekunden Dauer und mit schwacher Stromkraft. Danach dass gleiche am linken Bein. Der eine dieser beiden Punkte ist der M 35 Magenmeridian). Es sind aber die Extrapunkte Ex-BF 5 Xi Yan (Knieaugen). Sie liegen in den 2 Mulden unterhalb der Kniescheibe. Die gleichen Punkte sind daraufhin am linken Bein zu behandeln. Die Behandlung der vorstehend aufgeführten Punkte hat sich bei mir als sehr wirkungsvoll erwiesen.

Waldemar zeigt in seinem großen Akupunktur-Atlas für Knieschmerzen andere Punkte auf, die ich aber nicht benutzt habe. Diese Punkte finden sich auch in der Bedienungsanleitung zum Gerät LAVITA von der AAM GmbH.

Akupunkturpunkte an den Fingern und Zehen.

Die nachstehende Abbildung zeigt die Akupunkturpunkte an Fuß und an der Hand, Terminalpunkte der Meridiane. Die Abbildung findet sich in der Bedienungsanleitung zum Gerät EA Charles Waldemar und in der Bedienungsanleitung zu Gerät LAVITA von der AAM GmbH. Waldemar empfiehlt in seinem Buch „BIO KRAFT" die Terminalpunkte an den beiden Händen mit der 7-Stifte Elektrode mit

Energie aufzuladen, jeweils etwa 30 – 40 Sekunden mit nicht zu
schwachem Strom. Täglich oder nach Bedarf, einmal in der Woche.

Chinesische Meridiane am Fuß und an der Hand

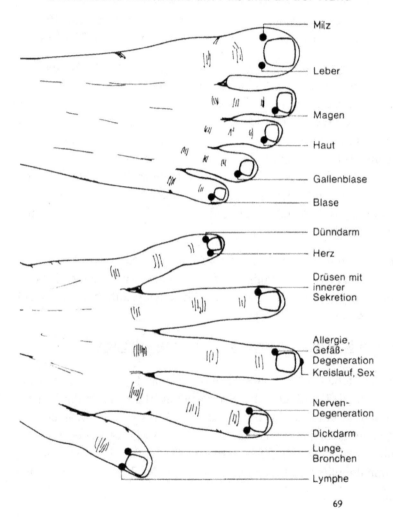

- Milz
- Leber
- Magen
- Haut
- Gallenblase
- Blase
- Dünndarm
- Herz
- Drüsen mit innerer Sekretion
- Allergie, Gefäß-Degeneration Kreislauf, Sex
- Nerven-Degeneration
- Dickdarm
- Lunge, Bronchen
- Lymphe

69

84

Beispiel für zu behandelnde Indikationen

Allergie
Angst
Asthma
Rückenschmerzen
Bessere Stimme / Heiserkeit
Bronchitis
Verstopfung
Frigidität
Hoher Blutdruck
Niedriger Blutdruck
Impotenz / Regeneration
Lumbago
Gedächtnisschwäche
Migräne
Hand- und Fingerschmerzen
Knieschmerzen
Rheumatismus
Ischias - Neuralgie
Schulter - Nacken - Schmerzen
Schulter - Arm - Schmerzen
Hautallergie
Schlaflosigkeit
Trigeminus - Neuralgie
Kosmetische Akupunkturbehandlungen

Schulter-Arm-Schmerz

Zwei weitere Abbildungen aus der Bedienungsanleitung zum
LAVITA W 2041 zeigen einen Behandlungsplan für Schulter-
/Armschmerzen und Akupunkturpunkte an Fingern und Zehen.

Schulter - Arm - Schmerzen

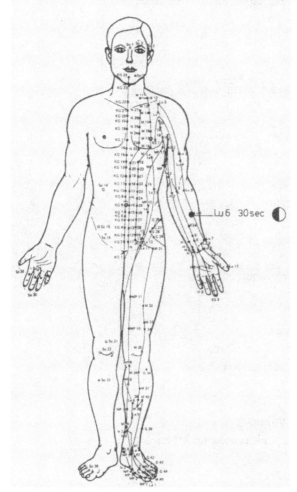

Die Kreise zeigen, ob der Strom normalschwellig oder überschwellig einzustellen ist. Ein Kreis mit dreiviertel Schwärze bedeutet also „überschwellig", mit gerade noch erträglicher Stromstärke. Ein halb geschwärzter Kreis bedeutet normale Stromstärke mit angenehmem Kribbeln.

Schulter - Arm - Schmerzen

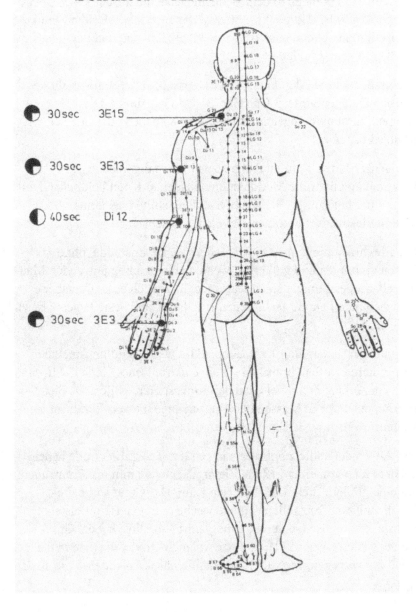

30 sec 3E15

30 sec 3E13

40 sec Di 12

30 sec 3E3

Die Arbeit mit der Elektro-Akupunktur ist nicht so schwierig, wie es aussieht. Man braucht zu dem Bedienungsbuch ein Buch über Elektro-Akupunktur oder Akupunktur, in dem die einzelnen Meridian-Punkte auf Bildern zu erkennen sind, wo sie lokalisiert sind und wie man sie annähernd genau findet.

Die Maßeinheit bei der Akupunktur ist das „Cun". Es entspricht der eigenen Daumenbreite. 3 Cun sind etwa 4 Querfinger. Die Akupunkturpunkte liegen meist an einem Knochen oder in einer Mulde/Vertiefung.

Übrigens: Man soll nur einmal bis zweimal in der Woche mit Elektroakupunktur die Meridianpunkte zu einer Krankheit behandeln und immer beidseitig. Bei der Behandlung sollte man keine Metallteile am Körper tragen und nicht fernsehen.

Die Elektroakupunktur ist eine wunderbare Heilmethode, ohne Nebenwirkungen und gefahrlos, wenn man sie richtig anwendet. Man braucht vielleicht nicht solch teures Gerät, wie ich es kaufte, aber es lässt sich damit am besten arbeiten und damit sind beste Ergebnisse zu erzielen.

Wenn Leser*innen die Elektroakupunktur als Behandlungsmethode ausprobieren wollen, brauchen sie ein elektronisches Gerät dafür. Man wird am Anfang nicht viel Geld dafür investieren wollen. Da bietet es sich an, eines der in Massen bei Amazon angebotenen Geräte zu kaufen.

Der Anwender sollte zumindest ein Gerät mit Stift-Elektrode haben, bei dem man von einer kleinen Elektrode, etwa 4 mm bis 5 mm, auch auf eine größere Elektrode wechseln kann. Das Gerät sollte die Möglichkeit der Einstellung auf schwache (anregend), mittelstarke und starke Impulse (sedierend), möglichst stufenlos, haben. Gute Geräte ermöglichen mit Hilfe einer Ableitelektrode, die man in der Hand der entgegengesetzten Körperhälfte hält, dass die Energie an der entgegengesetzten Körperseite abgeleitet wird, wodurch erreicht wird, dass die Energie durch den gesamten Körper fließt.

Mir hatte vor einigen Monaten ein französischer Hersteller ein Gerät für Elektroakupunktur mit Namen „Massage Pen" angeboten, das ich dann kaufte. Ich glaubte, dass es in der Handhabung praktisch sein könnte, was es, mit Einschränkungen, auch ist.

Heute ist das Gerät billiger. Der billigste Elektroakupunktur-Stift „Massage Pen" (siehe Bild) kostet bei OTTO nur 20,00 € (Amazon:

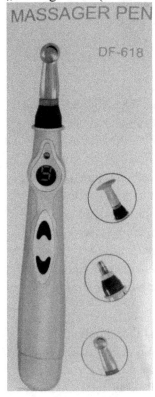

15.00 €), im Alibaba-Shop ist er noch billiger. Aber der M-Pen ist in Deutschland wohl nicht als medizinisches Gerät zugelassen. Der Massage Pen (M-Pen) hat kein CE-Kennzeichen und keine Zulassung als medizinisches Gerät. Das gilt vermutlich für alle preisgünstigen Geräte auf dem Markt, die alle aus China stammen. Käufer wenden diese Geräte also auf eigenes Risiko an. Es haftet keiner für diese Geräte.

Bei den alten, teuren, E-Akupunkturgeräten galten die umfangreichen Sicherheitsvorschriften nicht, wie sie heute üblich sind. Aber meinem alten E-Akupunkturgerät kann ich vertrauen, weil mein Lehrer, Dr.-Ing. h.c. Ulrich Knop einige Zeit Mitarbeiter von Charles Waldemar war und später die Mittelfrequenz-Akupunktur entwickelte, für die er mit der Verleihung des Dr.-Ing.

h.c. geehrt wurde.

Nach einiger Erfahrung mit E-Akupunkturstift „M- Pen" finde ich diesen hilfreich, weil er schnell zur Hand ist, wenn man mal einen Akupunkturpunkt oder mehrere behandeln will.

In der Anfangseinstellung 1 gibt der Stift mit kleiner Elektrode hier schon recht starke Impulse ab. Für den Kopf ist das zu stark. Man sollte ihn im Kopfbereich nicht verwenden. Ich befragte Experten, wie ich die Stromstärke bei Stufe 1 herabsetzen könnte. Aber es gibt hierfür keine einfache Lösung. Ich vermute, dass alle preisgünstigen chinesischen Geräte auf Stufe 1 schon einen relativ hohen Stromimpuls liefern. Vermutlich haben etwas teurere Geräte mit stufenlos regelbarem Stromimpuls am Anfang schwache Stromimpulse, die für den Kopfbereich und für kosmetische Zweck geeignet wären.

Der M-Pen ist recht robust. Er hat keine zusätzliche Ableitelektrode mit Kabel, was in Bezug auf die Handhabung ein Vorteil sein kann. Der M-Pen hat eine leitfähige Hülle. Sie kann als Ableitelektrode genutzt werden, wenn man den Stift mit der linken Hand hält beim Behandeln eines Akupunkturpunkts auf der rechten Körperseite und umgekehrt. Man spürt dann manchmal den Stromfluss in der Hand. Der M-Pen hat keinen Acupoint finder wie andere Geräte. M. E. braucht man diese Funktion nicht, die meist sehr ungenau ist und vortäuscht, den richtigen Punkt gefunden zu haben. Besser ist es, ein Buch mit Bild zu jedem Akupunkturpunkt zu haben. Da findet man den Punkt sehr gut und hat noch eine Beschreibung der Wirkung des Punkts.

Gut geeignet könnte eventuell auch das Akupunkturgerät von Orbisan/Weltbild für 39,99 € mit der Mehrstift-Elektrode sein. Es arbeitet mit einer 9 V-Batterie. Es lässt sich wohl auch stufenlos regeln. Vorteil wäre die großflächige Behandlung, nachteilig, dass man nur kreisend, nicht punktförmig, behandeln soll. Das von mir gekaufte Gerät war defekt. Anstelle des neu bestellten Geräts wurde

ein RasiererSet geliefert. Das ist für mich ein Hinweis meines
Schutzgeists, dass das Gerät für mich nicht geeignet ist. Solche
Botschaften sind meist richtig, wenn auch nicht immer.

Nachstehend eine Empfehlung von Charles Waldemar aus dem
Übersichtsblatt KURZPROGRAMME, Prophylaxe, Therapie.

Behandlungs-Frequenz:
Anfangs: 2 - 3 mal wöchentlich,
zur Stabilisierung: 1 - 2 mal wöchentlich.

Richtwerte für die Stromgebung:

	Zonen / Punkte	Strom-stärke	Anwen-dungsdauer je Pkt.
a	Ohr, Karotisdrüse, Medulla oblongata	schwach	2 sec.
b	Kopf, Hals (außer a)	schwach	20 sec.
c	Oberkörper, Arm, Hand	mittel	20-40 sec.
d	Knie	mittel	40 sec.
e	Beine	mittel bis stark	50-70 sec.
f	Füße	mittel	40-60 sec.

Nach neuester Recherche bei Amazon ergibt sich, dass der M-Pen
aufgrund der gesamten leitfähigen Außenfläche beliebig (an jeder
Stelle) gehalten werden kann, gut funktioniert und leicht zu
handhaben ist, auch bei längerer Anwendung. Ab einer Intensität von
4 fangen die Glieder zu zittern an. Zumindest sind alle Intensitäten
über Stufe 4 am Körper nicht anwendbar, nicht zu ertragen, so ist es
zumindest beim M-Pen. Sein einziger Nachteil sind etwas hohe
Stromimpulse in Stufe 1. Der Stift wäre sonst anderen vorzuziehen.

Ein anderer E-Akupunktur-Stab (Heswea, Preis 69,00 €) hat nur links und rechts jeweils eine kleine leitfähige Fläche. An dieser Fläche muss der Stab mit Spitze von Daumen und Zeigefinger gehalten und ein Knopf muss gedrückt werden. Es wäre einigermaßen gut handhabbar, wenn man nicht zwecks Behandlung den Startknopf gedrückt halten müsste, was anstrengend ist. Die Intensität ist stufenlos einstellbar. Ich kaufte das Gerät, arbeite aber lieber mit dem Massage Pen. Ein anderer E-Akupunktur-Stab (Leawell 2 in 1, Preis 64,99 €) hat an einer Stelle außen eine etwas größere leitfähige Fläche, so dass er hier in der Beuge von Daumen und Zeigefinger gehalten werden muss, um zu funktionieren und gleichzeitig muss ein Startknopf gedrückt und gehalten werden. Das ist sehr anstrengend. Ich hatte mir das Gerät liefern lassen, konnte es nur wenige Minuten anwenden, weil sich die Hand verkrampft. Der Akupunkturfinder zeigt an jedem Teil der Haut an der Hand an, ist also ungenau. Ich schickte das Gerät zurück, weil es mit Batterie geliefert wurde, die eingeschaltet war und wohl tiefentleert wurde. Die Batterie war in wenigen Minuten aufgeladen und in wenigen Minuten leer. Vorteil des Geräts: die Intensität lässt sich stufenlos einstellen.

Halswirbelsäule / Lendenwirbel

Die 11-Stifte-Elektrode ist übrigens gut geeignet für die Behandlung der Halswirbelsäule (auf die Wirbel, evtl. noch auf den jeweiligen Dornfortsatz rechts und links auflegen , speziell auf C7 auch für mehr Energie). Das kann hilfreich sein bei einem HWS-Syndrom. Die Spinalnerven versorgen Körperbereiche. Der C5 (Zervikalnerv 5) versorgt die Oberarme, der C 7 und C 8 die Hände. Zitiert aus „Zilgrei gegen Kopf- und Nackenschmerzen", S. 17.

„Die Vertemeres-Theorie" – „Der erste Halswirbel (Atlas, liegt direkt unter dem Schädelkonchen) ist verknüpft mit dem Gehirn, dem Sehzentrum, den Schädelknochen, der Kopfhaut, dem oberen Teil der

Stirn und der Ohren und mit den Knöchelchen im Ohr." Seite 24/25 aus Zilgrei. Lt. Dorn-Methode („Matthias Schwarz: „Schmerzfrei mit der Dorn-Methode", S. 111), kann der C 1 Beschwerden als Kopfschmerzen, Migräne, Bluthochdruck, chronische Müdigkeit und Schwindel verursachen. Und Beschwerden am C 7 können u.a. Schleimbeutel-Erkrankungen an der Schulter verursachen. Akupressur könnte helfen.

Laut Lovett-Brother-Theorie steht der C 1 in Wechselbeziehung zum L 5, dem 5. Lendenwirbel, der C 2 in Wechselbeziehung zum L 4, der C 3 zum L 3 usw. Schmerzen am L 5 können als Ursache Probleme mit dem Halswirbel C 1 haben usw. und wohl auch umgekehrt. „Zilgrei gegen Kopf- und Nackenschmerzen", S. 22/23.

Will man nur einen Halswirbel behandeln, nimmt man besser die 7-Stifte-Elektrode, die man auch zwischen 2 Halswirbel setzen kann.

Akupressur

Wer sich nicht mit Elektro-Akupunktur befassen will, kann gesundheitliche Hilfe bei verschiedenen Beschwerden erhalten, indem er die bewährte Akupressur anwendet.

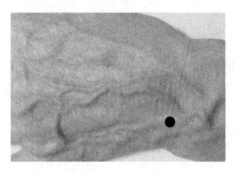

Man kauft sich dafür ein Buch über Akupressur. Darin wird bei einer Reihe von diversen Beschwerden – auch für Laien – gut verständlich beschrieben, wie man die für einen bestimmten Schmerz, z.B. Kopfschmerzen, angegebenen Punkte drückt

oder kreisend reibt.

Bei **Kopfschmerzen** drücke ich mit Daumen und Zeigefinger die beiden Ohrläppchen 5 - 6 Sekunden fest zusammen, und das mehrmals. Dann drücke ich an meinem äußeren Handgelenk eine Vertiefung, die man findet, wenn man mit Daumen und Zeigefinger zwischen kleinem Finger und Ringfinger, etwas unterhalb der Stelle, wo man die Armbanduhr trägt, also in Richtung Handgelenksfurche, fährt. Akupunkturpunkt 3E-3. Siehe Foto. Ein weiterer Punkt liegt drei Querfinger oberhalb der Handgelenksfurche an der Innenseite des Arms (KS 6), zitiert nach Lutz Bernau: „Das Große Akupressur Buch".

Bei **Zahnschmerzen** drückt man mit dem Daumennagel auf den äußeren Nagelfalzwinkel der beiden Zeigefinger (Dickdarm- Meridian 1 -siehe Foto). Man kann das auch bei jedem Zeigefinger mit dem anderen Zeigfinger machen. Als 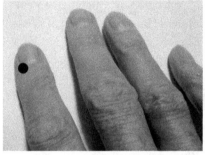 meine Kinder klein waren, empfanden sie es als Wunder, wenn nach 10 Minuten die Zahnschmerzen weg waren.

Knieschmerzen beseitigt man, indem man täglich mit den Fingerkuppen beider Hände gleichzeitig ca. 8mal rundherum um beide Kniescheiben klopft und anschließend 8mal die Mulden unter der jeweiligen Kniescheibe rechts und links kräftig drückt, reibt.

Allgemein

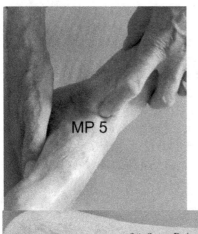

MP 5

Ich drücke morgens nach dem Aufwachen und mittags nach meinem Mittagsschlaf in der Regel folgende Punkte:

MP 5 (Milz-Meridian) – Meisterpunkt des Bindegewebes – das verschaffte mir ein für mein Alter gutes Bindegewebe ohne viel Falten.

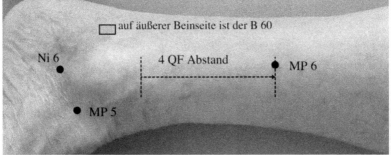

auf äußerer Beinseite ist der B 60

Ni 6

4 QF Abstand   MP 6

MP 5

Ich drücke dann kräftig den MP 6. Siehe Foto. MP 6 (Milz-Meridian) – Herr des Blutes, 4 Querfinger vom obersten Rand des Fußknöchels, am Schienbein. Gut für Vitalisierung. Dieser Punkt verbessert die Durchblutung meines Körpers. Anstelle diesen Akupunkturpunkt zu drücken könnte man sich auch vorstellen, dass der gesamte Körper ganz warm ist, vom Kopf bis zu den Füßen.

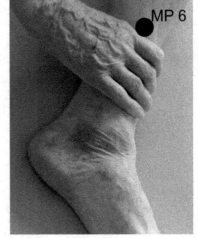

MP 6

Falls mal **Schmerzen** auftreten, drücke ich den Akupunkturpunkt B 60 (Blasenmeridian – Meisterpunkt der Schmerzen), zwischen Mitte des äußeren Fußknöchels und der Achillessehne, soll man nicht bei Problemschwangerschaft machen, so lese ich.

Bei Auftreten von **Nervosität** drücke ich ca. 2 Minuten den Akupunkturpunkt H 7 (Herz-Meridian) - in der Vertiefung am Handgelenk (Innenhand) – Linie vom kleinen Finger (Herz-Meridian

=Innenkante) unterhalb der Handgelenksfurche. Dient der Beruhigung. Hilft bei Lampenfieber, Prüfungsangst, lt. Akup.-Buch.

Ich reibe regelmäßig den Akupunkturpunkt Dü 3 (Dünndarm) – am äußeren Ende des Knöchels des kleinen Fingers bei Faustschluss. Ein Kardinalpunkt, wichtig bei vielen Beschwerden, insbesondere Neuralgien. Ich reibe den Punkt täglich morgens und nach dem Mittagsschlaf.

Charles Waldemar schreibt in seinem Buch „BIO KRAFT – Neue Wege der Elektro-Akupunktur zur Eigenbehandlung"; „Der Magen-Meridian ist ein einzigartiger Energiekondensator, er hilft hervorragend bei allen Durchblutungsstörungen und beeinflusst Lunge, Magen, Darm und Beine, wie auch besonders die Atemwege. Der M 36 zum Beispiel wirkt auf alle genannten Organe und Glieder ein." Er sei auch gut für bessere Sehkraft.

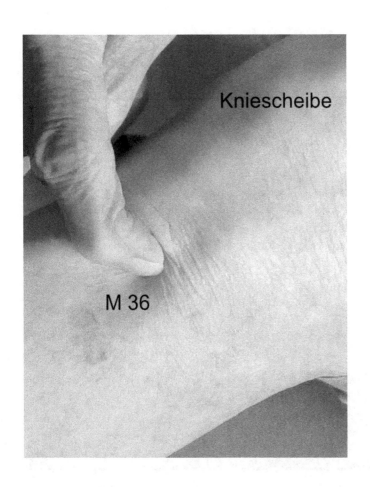

Kniescheibe

M 36

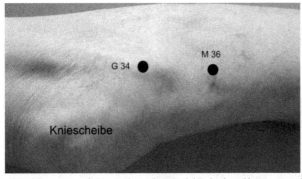

Man findet den Punkt, indem man die Handfläche auf die Kniescheibe legt, etwas tiefer geht, bis der Mittelfinger auf der Mitte des Schienbeins liegt. An der Stelle, wo jetzt der Ringfinger ist, befindet sich der M 36., unterhalb der Kniescheibe, am äußeren Rand des Schienbeins. Der G 34 ist der Meisterpunkt der Muskulatur.

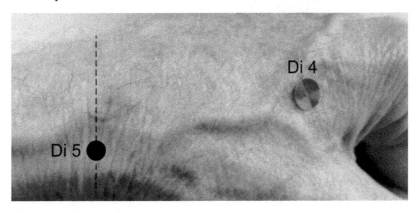

Ein wichtiger Akupressurpunkt ist der Di (Dickdarm) 4. Er hilft bei einer Vielzahl von Beschwerden, z.B. Neuralgien, Spasmen, Obstipation, juckende Dermatosen etc. Waldemar schreibt: „Der Dickdarm-Meridian versorgt nicht nur Kiefer und Zähne, sondern auch die Haut und die Schleimhäute." Der Di 4 befindet sich in der Falte bzw. Mulde zwischen Daumen und Zeigefinger, am Knochenrand des Zeigefingers. Di 5 liegt im Bereich der Handgelenksfalte in einer großen Mulde am Rand der Hand. Er wirkt gegen Verstopfung.

Verstopfung

Viele Menschen, insbesondere jene, die meist Fleisch essen, haben oft nur alle 2 oder 3 Tage Stuhlgang. Manchmal haben sie auch einen schweren Stuhlgang, der starkes Pressen erfordert. Als Vegetarier habe ich täglich Stuhlgang, meist mehrmals. Als ich mehr gute Darmbakterien haben wollte, kaufte ich mir Probiotika, namens Probiona. Dann hatte ich plötzlich einen so schweren Stuhlgang, dass ich das Exkrement kaum rausbringen konnte.

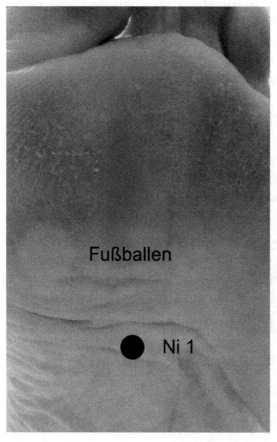

In diesem Fall half mir die Akupressur gegen Verstopfung. Ich drücke die Akupressurpunkte Ni 6 (Nierenmeridian), Di 4 und 5 Dickdarm-meridian), Dü 3 (Dünndarm-meridian) (Empfehlung von Lutz Bernau) und Ni 1 (anderer Autor, siehe Foto). Der Akupressurpunkt N 1 befindet sich am Übergang vom vorderen zum mittleren Drittel der

Fußsohle.

Je nachdem, welches Buch man befragt, so empfiehlt jeder Autor andere Punkte.

Auch das homöopathische Mittel Nux vomica hilft gegen Verstopfung, das Mittel Arsenicum album gegen Durchfall.

Durchfall

Eines Tages hatte ich heftigen Durchfall. Aber die üblichen Mittel halfen nicht. Meine Rute sagte mir dann, dass ich eine Darminfektion habe. Daraufhin habe ich mein MFT-Gerät Metronom solar mit der Stellung Sonne (als Zapper- Wirkung gegen Bakterien und Viren) auf den Bauch geschnallt. Zweimal 30 Minuten im Abstand von einer Stunde. Dann war Ruhe im Darm.

2 Tage später hatte ich nachmittags wässerige Stühle. Die Ursache war, dass ich pro Tag zu viel Zink eingenommen hatte, mehr als 15 mg am Tag. Zink wurde reduziert auf 10 mg und die Stühle waren wieder normal. Man sieht an diesem Fall, dass man auch bei der Einnahme von Nahrungsergänzungsmitteln nicht übertreiben darf.

Magen verspannt? Hier drücke ich den weichen Punkt unterhalb des Brustbeins, kräftig, mehrmals ca. 10 Sekunden. Das entspannt den Magen und Darm. Das hat sogar bei unserem Hund geholfen! Hier hilft auch der Metronom solar beruhigend.

Stoffwechsel/Haut - Wer seinen Stoffwechsel ankurbeln will, drückt täglich 20 Sekunden den Punkt Blase 42, in der Mitte der Kniebeugefalte. Das ist auch Hauptpunkt der Haut.

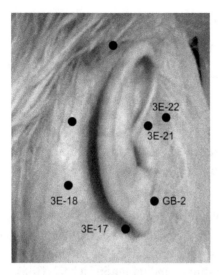

Schwerhörigkeit

Da ich an der Grenze zur Schwerhörigkeit bin, verbessere ich die Durchblutung meiner Ohren mit MFT, wie schon erwähnt. Und ich drücke eine Reihe von Akupressurpunkten, siehe Bild. 3E-17 (3-Erwärmer), 18, 19, 20, 21; GB 2 (Gallenblase-Meridian)

Mehr Energie

Um mehr Energie zu haben, wird von Experten empfohlen, den Akupressurpunkt K 6 (Konzeptionsgefäß), Meer der Energie, zu drücken. Ich drücke diesen Punkt in der Regel mit zwei Fingern täglich 10mal hintereinander. Der Punkt liegt zwei Fingerbreit unter dem Bauchnabel.

Ein anderer Akupunkturpunkt für mehr Energie ist der LG (Lenkergefäß) 16, auch allgemein als Medulla Oblongata bekannt. Der Punkt liegt am Ende des Kopfes, in einer Vertiefung, wo die Halswirbelsäule beginnt. Auch diesen Punkt drücke ich täglich.

Wenn mal der Kreislauf schwächelt, drückt man mehrmals die Fingerspitzen am kleinen Finger (Herz-Meridian) und am Mittelfinger (Kreislauf-Meridian) zusammen. Das hilft. Ich mache das jedem Morgen prophylaktisch.

Verjüngung

Es gibt wohl kaum einen Menschen, der alt aussehen möchte. Wer schon an Jahren älter ist, würde gern jung aussehen. Die Akupressur

101

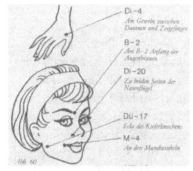

liefert hier ein Programm zur Verjüngung. In seinem Buch „Akupunktur ohne Nadeln" empfiehlt der amerikanische Autor J. V. Cerney aus seiner umfangreichen Beratungspraxis auf Seite 105 folgende Punkte zu drücken: Di-4 (zwischen Daumen und Zeigefinger, siehe Foto auf vorangegangenen Seiten).

Im Gesicht: B-2 (Blase), zwischen den Spitzen der beiden Augenbrauen; Di-20 (Dickdarm), neben den beiden Nasenflügeln; M-4 (Magen), an den beiden Mundwinkeln, Siehe Bild. Und noch Dü-17 (Dünndarm), am Kieferknochen (dahinter und darunter, siehe 2. Bild). An den Nasenflügeln und Mundwinkeln kann man auch klopfen statt zu drücken.

Bei der Verjüngung helfen auch Aminosäuren, zu denen noch später etwas geschrieben wird. Der richtige Aminosäuren-Mix liefert wichtige Vitalstoffe zur Verbesserung der Haarqualität, stärkt die Nägel und steigert die Spannkraft der Haut. Kreatin, von außen zugeführt, ist gut für die Haut, sorgt für mehr Kollagen (für natürliche Schönheit von innen).

Glutamin ist gut für eine straffe Haut (die beim Altern austrocknet), wird als „Anti-Age-Supplement" und als „Jungbrunnen von innen bezeichnet". Auszug aus „aminosaeure.com.

Ich habe die Akupressur seit vielen Jahren benutzt und als sehr hilfreich empfunden, insbesondere auf Reisen, wenn man kein Gerät für Akupunktur mitnehmen konnte.

Gesunde Ernährung

Hier ist vieles, was empfohlen wird, sehr widersprüchlich.

Die deutsche Gesellschaft für Ernährung empfiehlt, dass unser Mittagessen zu 50 Prozent aus Gemüse, zu einem Viertel aus Kohlehydraten (z.B. Nudeln, Kartoffeln, Reis) und zu einem Viertel aus Eiweiß bestehen sollte. An diese Empfehlung halte ich mich, weil ich sie für vernünftig halte. Bei vielen anderen Empfehlungen handelt es sich um Lobbyismus der Landwirtschaft, unterstützt von staatlichen Stellen, weil viele Arbeitsplätze davon abhängig sind. Man weiß, dass Fleischessen krank machen kann, Krebs verursachen kann. Aber Fleisch wird von dem Staat nahestehenden Institutionen empfohlen, wegen der vielen Arbeitsplätze in der Fleischindustrie.

Beim Eiweiß gehen die Meinungen ebenfalls auseinander. Einige Ärzte propagieren einen hohen Verzehr von Eiweiß und weniger Kohlehydraten, weil Kohlehydrate zu Zucker verstoffwechselt werden. Es heißt, der Mensch brauche 0,8 g Eiweiß je Kilogramm Körpergewicht, im Alter - zum Aufhalten des Muskelschwunds - sogar 1,0 bis 1,3 g je kg Körpergewicht.

Einige Ärzte vertreten die Meinung, dass viel Eiweiß im Blut bedeuten würde, ein starkes Immunsystem zu haben, das vor Erkrankung an Covid19 schützen würde. Ich war dreifach geimpft, hatte viel Eiweiß im Blut (ca. 1,05 g je kg Körpergewicht) und erkrankte dennoch an der Omikron-Variante von Covid19.

Im Buch „Leben und Überleben – Kursbuch ins 21. Jahrhundert" schreibt der Autor Viktoras Kulvinskas, dass zu viel Protein krank mache. Der Proteingehalt der Muttermilch liege bei durchschnittlich 1,4 Prozent und decke den Bedarf des Kindes an allen essentiellen Aminosäuren und Eiweißstoffen während des Wachstums. Früchte würden 0,4 bis 2,2 % Protein enthalten. Fleisch enthalte 10 bis 24 % Protein und sei daher keine geeignete Nahrung für den Menschen.

Auch Körner, Nüsse und Samen würden 10 bis 50 % Protein enthalten und ebenfalls nicht geeignet sein.

Kulvinskas verweist darauf, dass große Tiere, wie der Ochse und das Pferd sich nur von Gras mit dem geringen Gehalt an Protein ernähren und der dem Menschen ähnliche Orang-Utan von Früchten, die nur wenig Protein haben. Alle haben offenbar keinen Mangel an Protein oder anderen Substanzen. In der Bibel steht, Gott habe den Menschen empfohlen, sich von Pflanzen zu ernähren, die Samen tragen und von Früchten der Bäume zu ernähren, die Samen tragen (1. Mose 1,29). Da meinen wir oft, dass wir die Samen essen sollten. So ist es wohl nicht gemeint. Was essen wir also?
Die Lösung für mich ist: Ich bitte Gott immer wieder um Führung, dass ich bei meiner Ernährung die richtige Entscheidung treffe.

Ich habe ein Seminar von einer Diätassistentin und ein Seminar von einer Ökotrophologin besucht. Beide lehrten, dass man keine Nahrungsergänzungsmittel (NEGM) zu sich nehmen müsse, um gesund zu bleiben. Dr. med. Michael Spitzbart schreibt auf Facebook und insbesondere auf Telegram (https://t.me/drspitzbart) in vielen Beiträgen, dass er bei seinen Patienten weit überwiegend einen Mangel an Vitaminen, Mineralien und essentiellen Aminosäuren feststellt. Besteht nur bei einer dieser Substanzen ein Mangel, also keine 100 % des Bedarfs, ist der Körper noch nicht krank, aber er arbeite wie mit angezogener Handbremse. Wir nehmen weniger Nahrung zu uns im Vergleich mit den Schwerarbeitern im vergangenen Jahrhundert und die Nahrung enthalte aufgrund der ausgelaugten Böden weniger Nährstoffe als früher, schreibt Spitzbart. Letzteres haben andere auch schon vor Jahren geschrieben. Spitzbart überdosiere bei seinen Patienten deshalb die notwendigen Substanzen, wo ein Mangel festgestellt wurde und seinen Patienten gehe es besser.

Im Internet sah ich, dass die Diagnose, - ob bei Vitaminen, Mineralien oder Aminosäuren -, sehr kostenaufwendig ist. Bevor ich diese Kenntnis hatte, habe ich meinen Biotensor benutzt, um meinen Status bei 8 essentiellen Aminosäuren festzustellen. Zur Sicherheit ließ ich mir von meinem Hausarzt bei einer eingeschränkten Zahl von Vitaminen und Aminosäuren den Status über ein Labor feststellen lassen. Die Kosten lagen über 130,- €. Der vom Labor mitgeteilte Status bestätigte meine Ergebnisse mit dem Biotensor.

Inzwischen benutze ich meinen Biotensor, um festzustellen, welche NEGM und wie viel davon in welcher Zahl (z.B. eine Kapsel oder 2 Kapseln am Tag) ich einnehmen sollte.

Aminosäuren

Bei der Verjüngung oder dem sogenannten Anti-Aging spielen auch Aminosäuren eine wichtige Rolle. Der Körper braucht 8 existentielle Aminosäuren. Bekommt der Körper von nur einer dieser existenziellen Aminosäuren zu wenig, so läuft er auf Sparflamme, mit angezogener Handbremse, schreibt Dr. Spitzbart auf Telegram. „Er ist nicht krank, aber auch nicht gesund und nicht fit". Mehr Informationen zu Aminosäuren findet man auf „aminosaeure.com". In deren Broschüre (6. Auflage) lese ich, dass Vegetarier sowie Menschen mit chronischen Erkrankungen der Leber und Niere ein hohes Aminosäuren-Mangel-Risiko haben.

„Krebspatienten können von der Einnahme von Aminosäuren und anderen Mikronährstoffen massiv profitieren.

Arginin schützt das Herz vor dem Infarkt, die Durchblutung von Herz und Gehirn wird optimiert. Der richtige Aminosäuren-Mix liefert wichtige Vitalstoffe zur Verbesserung der Haarqualität, stärkt die Nägel und steigert die Spannkraft der Haut. Kreatin, von außen zugeführt, ist gut für die Haut, sorgt für mehr Kollagen (für natürliche Schönheit von innen).

Glutamin ist gut für eine straffe Haut, wird als „Anti-Age-Supplement" und als „Jungbrunnen von innen bezeichnet". Arginin fördert auch den Haarwuchs. Carnitin fördert die Gehirnfunktionen und wirkt vielen Alterungssymptomen entgegen. **Ornithin und Arginin ermöglichen eine gute Nachtruhe.**

Die Wirkung der Aminosäuren ist insbesondere abhängig vom kompletten Vitamin-B-Komplex: Vitamin B 1, 2, 3, 5, 6, 12, Folsäure." (Auszüge aus der Broschüre von aminsaeure.com.).

Es empfiehlt sich, ein Nahrungsergänzungsmittel einzunehmen, dass die notwendigen Vitamine und Mineralstoffe enthält und ein anderes, dass die wichtigen Aminosäuren enthält, alle im Internet erhältlich.

Ich verwendete zuerst L-Glutamin von Verla (Filmtabletten, täglich 2 x 330 mg) und hatte den Eindruck, dass meine Haare sehr fest wurden. Im Kamm waren auch bei verfilzten Haaren nach Haarwäsche und Trockenrubbeln keine rausgerissenen Haare. Dann wechselte ich zu L-Glutamin 750 mg von Sunday Natural. Jetzt reiße ich mir allerdings Haare beim Trockenrubbeln raus, die ich im Kamm finde. Leider hatte ich eine zu große Menge Glutamin 750 gekauft, um schnell wieder zu Glutamin von Verla wechseln zu können. Ich kaufte Verla und nehme nun abwechselnd die beiden Aminosäuren ein. Ergebnis: weniger Haare im Kamm nach dem Duschen und Trockenrubbeln. Die Dosis von 660 mg Verla am Tag (morgens und mittags je 330 mg) ist für meinen Körper offenbar günstiger als die 750 mg einmal am Tag.

Im Internet werden folgende essentielle Aminosäuren genannt: Histidin (semi-essentiell), Isoleucin, Leucin, Lysin, Methionin, Phenylalanin, Threonin, Tryptophan, Valin. Arginin gilt auch als semi-essentiell. Es wird im Internet (Quelle unbekannt) darauf hingewiesen, dass wichtige Körperfunktionen nicht mehr optimal gewährleistet sind, wenn dem Körper eine Aminosäure bzw. ein daraus gebildeter endogener Wirkstoff (z.B. ein Hormon) fehle.

Laut Internet (Quelle unbekannt): „Der Aminosäurenbedarf wird über die tägliche Proteinzufuhr (für Erwachsene 0,8 g/kg Körpergewicht) gedeckt. Hohe zusätzliche Zufuhren einzelner Aminosäuren können unerwünschte Wirkungen hervorrufen."

Um ausreichende Zufuhr von Aminosäuren zu haben, kaufte ich – leider gleich eine Jahrespackung – von Tabletten von Vit4ever, die 32 Substanzen enthalten, also viele Vitamine, Mineralien und auch einige wenige Aminosäuren. Zukünftig würde ich mir die 8 essentiellen Aminosäuren als Kapsel kaufen und Vitamine und Mineralien gesondert. Kapseln mit 8 essentiellen Aminosäuren habe ich mir inzwischen bei Sunday Natural gekauft und nehme die Menge, die mir mein Biotensor rät. Ich nehme täglich 6 Kapseln Arginin zu mir.

Die Schulmedizin geht überwiegend davon aus, dass der Körper viel Eiweiß brauche, um daraus die benötigten Aminosäuren herzustellen. Das steht im Widerspruch, zu dem, was Kulvinskas aus den ihm bekannten Studien herausliest. Auch Dr. med. Doepp (Medizin der Bergpredigt) hält nicht viel von „Eiweiß-Mast". Tatsache ist, dass man Aminosäuren auch mit Lebensmitteln zu sich nimmt. 100 g Reis enthalten z.B. 340 mg Isoleucin, 100 g Ei 738 mg Isoleucin, 100 g Linsen sogar 1.113 mg Isoleucin. Jeder muss entscheiden, welcher Quelle er mehr Glauben schenkt.

Gesundheit: 7 bis 8 Stunden Nachtschlaf

In der ARD-Sendung „Wissen vor 8" wurde kürzlich (Juni 2022) von neuesten Forschungsergebnissen zum Schlaf berichtet. Wer regelmäßig nur 6 Stunden in der Nacht schläft, hat ein vierfach höheres Risiko für Schlaganfall. Das wurde folgendermaßen begründet: Die im Körper normalerweise anfallenden Abfallstoffe werden durch das Lymphsystem zu Leber und Niere geführt und so entsorgt. Das Gehirn hat solch ein Lymphsystem nicht. Es hat ein lymphatisches System mit feinen Kanälen, die tagsüber so eng sind, dass die im Gehirn durch Aktivität der Zellen anfallenden Abfallstoffe nicht entsorgt werden können. Erst in der Nacht, wenn der Körper ruht, wenn Adrenalin und Noradrenalin nicht mehr aktiv sind, weiten sich die Kanäle des lymphatischen Systems und die im Gehirn angefallenen Abfallstoffe können durch die breiten Kanäle abfließen.

Für diesen Vorgang der Entsorgung braucht das Gehirn mehr als 6 Stunden Schlaf, also die empfohlenen 7 bis 8 Stunden.

Ich nehme abends vor dem Schlafengehen eine Kapsel Ornithin.

Der Biotensor als Informationsinstrument

Ich benutze seit etwa 2003 eine Einhandrute nach System Charles Waldemar. Im Prinzip kann man jede im Handel erhältliche Einhandrute dafür nutzen, im Körper vorhandene Informationen abzurufen. Müsste ich mir eine neue Rute kaufen, würde ich sie wahrscheinlich vom System „Neue Homöopathie nach Erich Körbler" kaufen. Sinnvoll wäre es, ein Seminar zur Anwendung der Rute zu besuchen.

Im Körper sind z.b. alle Informationen gespeichert, die Ärzte per Blutuntersuchung feststellen. Mit meiner Rute kann ich den Cholesteringehalt in meinem Blut mit Genauigkeit bis auf eine Stelle nach dem Komma abfragen. So frage ich auch den Zucker-Status ab. Wenn ich die Dimension kenne für Vitamin D 3, die ich vor einiger Zeit in einer Apothekenzeitung las, kann ich den Status ganz genau abfragen. Zurzeit mache ich es täglich einfacher. Ich frage mit meiner Rute, kreisend über der Kapsel D 3, ob mein Körper sie braucht oder nicht.

Ebenso frage ich bei allen Vitaminen und Mineralien, Omega 3 usw., ob mein Körper sie braucht. Lehnt mein Körper ab (= Rute dreht linksherum) wird das Nahrungsergänzungsmittel nicht zum Verzehr vorgesehen. So lehnte u.a. mein Körper an manchen Tagen ab, 2 Tabletten Calcium einzunehmen, da 1 Kapsel ausreichte oder ich keine Tablette oder nur eine halbe Tablette benötigte.

Vor kurzem hatte meine Freundin Erdbeermarmelade beim Norma gekauft mit 55 % Fruchtanteil. Meine Rute lehnte diese Marmelade ab. Beim Durchlesen der Inhaltsstoffe ergab sich, dass der Grund für die Ablehnung war, dass diese Marmelade mehr Chemie enthielt, um sie haltbarer zu machen als Marmelade mit 50 % Zuckeranteil.

Mit der Rute kann man z.b. auch Eier prüfen, ob sie noch gut sind. Das gilt für jedes Lebensmittel und für jedes NEG. Man kann auch prüfen, ob pharmazeutische Medikamente dem Körper helfen oder mehr Schaden zufügen.

Die Rute ist ein sehr nützliches Instrument. Ein Bild zeigt meine Ruten. Die lange Rute nach Charles Waldemar arbeitet schneller, weil sie träger reagiert, aber schneller das Ergebnis anzeigt. Die kleine

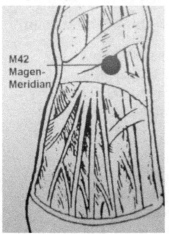

Rute wirbelt meist einige Zeit sehr schnell hin und her, bis sie zur richtigen Richtung findet. Das nervt oft. Die kleine Rute ist für das Einkaufen, die Reise, gedacht, weil sie sich zusammenschieben lässt. Wenn sich die Rute bei einem Menschen nicht bewegt, ist laut Charles Waldemar der Blockadebrecher, Akupunkturpunkt M-42 (Magen) 1 bis 2 Minuten zu behandeln, damit die in die Füße abgerutschte Energie wieder aufsteigen kann. Der Punkt liegt etwa in Verlängerung des zweiten Zehs auf dem Vorderfuß, kurz vor der Beuge zwischen Fußspann und Schienbein.

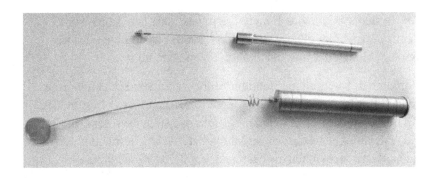

Die Energie für die Bewegung der Rute kommt laut Charles
Waldemar von den Chakren des Körpers. Zu beachten ist, dass man
bei Anwendung der Rute seine Gefühle und Gedanken auf „neutral"
einstellen muss, sonst zeigt die Rute an, was man sich wünscht oder
will. Ist man nicht neutral, zeigt die Rute ein falsches Ergebnis an.

Homöopathie – wirkungslos oder wirksam?

Vor mehr als 200 Jahren wurde von Samuel Hahnemann die
Homöopathie erfunden bzw. entwickelt und hatte sich bei vielen
Krankheiten als Heilmittel bewährt. Sie ist wirksam ohne die
schädlichen Nebenwirkungen pharmazeutischer Medikamente.

Nachdem die Homöopathie an Beliebtheit stark zugenommen hat, die
Umsätze der Hersteller der Globuli und Tabletten gestiegen sind, die
Umsätze der Pharmaindustrie bedroht sind, formiert sich nun eine
Gegenbewegung von Ärzten in Verbindung mit der Pharmaindustrie.
Der Homöopathie wird vorgeworfen pseudowissenschaftlich zu sein,
nur die Wirkung eines Placebos zu haben. Dabei werden Äpfel mit
Birnen verglichen.

Pharmazeutische Medikament setzen auf chemische Wirkstoffe, mit
der Aussage "keine Wirkung ohne Nebenwirkungen". Die

Nebenwirkungen können Organe, wie z.B. Leber, Niere, Herz usw. schädigen, Schwindel und Ödeme verursachen. Pharmazeutische Medikamente wirken grobstofflich, meist auf alle Patienten gleich. Die Homöopathie wirkt feinstofflich und muss daher an die individuelle Situation des Patienten angepasst werden. Eine Doppeltblind-Studie ist daher bei der Homöopathie nicht möglich.

Die Homöopathie will Ähnliches durch Ähnliches heilen. Vom Symptom ausgehend sucht der Homöopath das Mittel, das in unverdünnter Form genau das Symptom hervorrufen würde, was der Kranke hat und das beim Repertorisieren am Häufigsten Wirkung zeigt, und gibt es ihm dann in potenzierter Form. Je höher die Potenz ist mit umso weniger materieller Substanz umso wirksamer ist das Mittel.

Die Homöopathie ist im Gegensatz zu chemischen und pflanzlichen Medikamenten eine Informationsmedizin. Sie liefert dem Körper Informationen zur Gesundung, die durch die Krankheit verloren gingen und die nun den Körper zur Selbstheilung anregen sollen. Im Sinne der Quantenphysik ist die Homöopathie eine moderne Heilweise (Medizin), während die Schulmedizin mit pharmazeutischen Medikamenten veraltet ist, die überholten Methoden folgt, die von der Quantenphysik überholt sind.

Die Schulmedizin folgt immer noch der Lehre von René Descartes (1596 – 1650), der die Trennung des Körpers in Seele und Geist lehrte. Für die Schulmedizin ist der Körper eine Art Maschine, die man bei Defekten ölen und sogar reparieren müsse. Da die Ursache fast jeder Krankheit in der Seele bzw. dem Geist des Menschen liegt, kann die Schulmedizin nur die Symptome einer Krankheit behandeln. Aber das tut die Schulmedizin auf der Basis wissenschaftlicher Forschung recht erfolgreich. Das Problem der Schulmedizin ist, dass ihre Patienten nicht die Verantwortung für ihre Krankheit übernehmen, sondern dem Arzt die Verantwortung übertragen, sie gesund zu machen.

Die Homöopathie zielt auf Seele und Geist. Wer einmal mit der Homöopathie bei der Behandlung eigener Krankheiten Erfolge erzielt hat, wird diese Heilweise nie aufgeben, egal wie groß der Widerstand der Gegner ist.

Es ist viele Jahre her, dass ich an Bauchschmerzen erkrankt war, als ich noch in Würzburg lebte. Mein Hausarzt verschrieb mir ein Medikament, dass mich von den Bauchschmerzen befreite, kurzfristig, dann waren die Schmerzen wieder da. Ich erhielt erneut das heilende Medikament. Nach kurzer Zeit der „Heilung" waren die Bauchschmerzen wieder da. Nun verweigerte der Hausarzt die erneute Rezeptierung des helfenden Medikaments. Was konnte ich tun?

Irgendwie bekam ich den Rat, das homöopathische Medikament „Colocynthis" einzunehmen. Mir blieb keine andere Wahl. Nach kurzer Zeit wirkte das Colocynthis. Meine Bauschmerzen waren weg und kamen nicht wieder. Ich erzählte das meinem Hausarzt, der die Homöopathie verabscheute. Antwort: „Wer heilt, hat recht, wie schon Paracelsus lehrte". Mein Hausarzt verglich die Homöopathie mit ihren hohen Potenzen mit einem Landwirt, der sich auf sein großes Feld stellt, einen Furz lässt und sagt, „nun ist mein Feld gedüngt".

Seit meinem Erfolg mit Colocynthis – ein Mittel gegen Bauchkoliken und anderem mehr - bin ich ein Anhänger der Homöopathie. Als mir der neue Zahnarzt einen Zahn zog, gab er mir zwei Kügelchen Arnika C 30 mit, die ich in die Mundhöhle legen sollte. Arnika ist dafür bekannt, dass es Blutungen stoppt, was sich bei mir in diesem Fall und in vielen anderen Fällen bewährt hat.

Von der Homöopathie wird gesagt, dass sie nicht schnell wirke. Bei Quetschung an einem meiner Finger nahm ich sofort die Kügelchen des Mittels „Ruta" ein und war überrascht, wie schnell sich meine Schmerzen verringerten.

Vor kurzem stellten sich bei mir Wadenkrämpfe ein, obwohl ich täglich hochdosiertes Magnesium einnehme. Ich nahm daraufhin einige Zeit täglich 2-3 Kügelchen von Cuprum metallicum C 30 ein und hatte keine Wadenkrämpfe mehr.

Als ich nach Wertach umgezogen war, besuchte ich den Vortrag einer Heilpraktikerin über Homöopathie vor 20 Frauen und mir als Teilnehmern. Die Frauen waren alle Mütter und behandelten ihre Kinder mit Homöopathie.

Homöopathie kann auch bei trockener Haut helfen. Da muss man allerdings herausfinden, welches der vielen möglichen Mittel für einen persönlich geeignet ist. Ich musste auch herumprobieren und dann mit meiner Rute die richtige Auswahl treffen. Das ist bei mir das Mittel Galphimia glauca C 200, auch Urea pura C 200. Das häufig empfohlene Mittel Thuja hatte bei mir wenig bis nichts bewirkt.

Meine Frau und ich behandelten unsere Hunde nur mit Homöopathie. Als unser letzter Hund in Wertach nicht mehr die 2 Treppen hochkam, gaben wir ihm „Rhus toxicodendron C 30" und kurze Zeit später lief unser Hund wieder leicht die Treppen rauf. Von der Hochschule in Hannover für Tiermedizin ist bekannt, dass sie die Homöopathie einsetzen bei der Aufzucht von Schweinen, mit dem Erfolg von weniger kranken Muttertieren und gesünderen Ferkeln. Die Tiere wissen nicht, dass die Schulmedizin die homöopathischen Mittel als Placebos betrachtet.

Stehen bei einer Beschwerde laut Anwendungsbuch mehrere Mittel zur Wahl an, sagt mir meine Rute bei Befragung welches Mittel den größten Erfolg bringen wird.

In den meisten Büchern zur Anwendung von Homöopathie werden Potenzen von D 6 und D 12 empfohlen. Die Fachärztin für Homöopathie, Frau Dr. med. Carstens, die Frau des früheren Bundespräsidenten, sagte in einem Interview, dass bei den heutigen Umweltbelastungen die Potenz D 30 oder C 30 eher angebracht sei. Die C-Potenzen sind im angelsächsischen Bereich eher der Standard und wirken stärker als D-Potenzen.

Es wurde gesagt, dass die Homöopathie im Alter nicht mehr wirken würde. Das kann ich mit meinen 87 Jahren nicht bestätigen. Ich verwende allerdings nur noch Potenzen von C 30 und C 200. Die meisten Homöopathen dürften entsetzt sein, wenn sie das lesen. Ein indischer Homöopathie-Arzt empfahl in einem Buch, das ich leider bei einem Umzug von einer größeren in eine kleinere Wohnung entsorgt habe, die generelle Anwendung von hohen C 200 Potenzen.

Meine Homöopathie-Ärztin im Allgäu machte vor vielen Jahren eine Anamnese von mir. Ergebnis: Mein Konstitutionstyp sei das Mittel Staphisagria. Ich sollte dann 3 Tage lang Staphisagria C 200 nehmen und dann Staphisagria C 1000. Es war gut wirksam. Sie empfahl mir auch Kalium carbonicum C 30 gegen das Aufeinanderpressen der Zähne im Schlaf. Es wirkt wunderbar! Ich nehme es täglich.

Dr. med. Doepp (in Medizin der Bergpredigt) vertritt die Ansicht, dass Hochpotenzen, höher als D 24, zu stark Einfluss auf die Seele des Patienten nehmen. Sie könnten in spiritueller Hinsicht der Seele schaden. Ich bezweifle, ob das auch für sehr alte Patienten gilt, für die ja die Homöopathie nicht mehr richtig wirken soll. Ich glaube, für mich diese Gefahr zu umgehen mit meiner Vorgehensweise für die Entscheidung zur Nutzung eines Mittels. Meine Rute sagt mir, ob ich eine C 30 oder eine C 200 kaufen und einnehmen soll.

Will ich ein homöopathisches Mittel, z.B. Nux vomica C 200, einnehmen, nehme ich das Mittel in die linke Hand, halte meine Rute (Biotensor) in der rechten Hand und frage: „Vater im Himmel, braucht mein Körper dieses Mittel, um mehr Magensäure zu haben? Dreht sich die Rute rechts herum, nehme ich das Mittel und bitte den Vater, dass er helfen möge, dass das Mittel in meinem Körper gut wirkt. Dreht die Rute links herum, nehme ich das Mittel nicht. So teste ich täglich meine Nahrungsergänzungsmittel (NEGM).

Medikamente und die Macht des Glaubens

Es ist bekannt, dass pharmazeutische Medikamente nur zu 60 bis 70 Prozent wirken.

Vor vielen Jahren, als ich Seminare in den USA hielt, las ich in "USA Today" folgendes zu einer psychologischen Studie: Ein Medikament, was seit vielen Jahren beliebt und wirksam gewesen war, hatte plötzlich nur noch eine Wirksamkeit von 30 bis 40 Prozent, wenn der Patient es erneut verschrieben haben wollte. Der Grund war, so stellte sich heraus, dass es inzwischen vom Wettbewerber ein neues Medikament gab, was stark beworben wurde, und von Ärzten nun bevorzugt verschrieben wurde. Der Glaube der Ärzte an das neue Medikament war größer als der Glaube an das bisherige Medikament. Der Glaube der Ärzte, ihre Überzeugung, so ergab die psychologische Studie, übertrug sich auf die Patienten. Deshalb wirkte das alte Medikament nicht mehr so gut wie zuvor.

In einer Gesundheitszeitschrift las ich vor einigen Monaten folgendes. Eine Studie hatte ergeben, dass ein Placebo in ca. 70 % der Fälle genauso wirksam war wie ein pharmazeutisches Medikament, auch wenn der Patient es im Bewusstsein einnahm, dass es ein Placebo ist, aber dass er dem Placebo die gleiche Wirksamkeit zusprach wie dem pharmazeutischen Medikament. Der Vorteil dieser Methode ist, die gleiche Wirksamkeit wie beim Pharma-Medikament zu erreichen, jedoch ohne die schädlichen Nebenwirkungen, die fast immer mit pharmazeutischen Medikamenten verbunden sind. Funktioniert das?

Ich habe es ausprobiert. Als ich noch an Neurodermitis erkrankt war, nahm ich zur Nacht ein Antiallergikum ein. Ich ersetzte dieses Medikament mit einem Placebo und erzielte tatsächlich die gleiche Wirkung.

Um nachts gut zu schlafen, nehme ich vor dem Zubettgehen eine Kapsel Ornithin ein und bitte Gott darum, dass mir diese Kapsel eine gute Nachtruhe verschafft. Funktioniert zu 99 %.

Es zeigt sich immer wieder, dass der Glaube eine sehr starke Wirkung hat und oft entscheidend ist für unsere Gesundheit und unser Lebensglück.

Glaube ich, nicht gesund zu sein, so wird es dann sein. Glaube ich krank zu sein, so bin ich auch krank, gleich oder etwas später. Meine Glaubenssätze bestimmen mein Leben.

Es wird daher empfohlen, auch wenn man selbst tatsächlich krank ist, möglichst nicht über die eigene Krankheit zu sprechen. Sage ich z.b., dass ich die Krankheit X habe, so bejahe ich damit die Krankheit X und ich verfestige sie. Anstelle von Krankheit zu sprechen, sollen wir von unserer Gesundheit sprechen und damit unsere Gesundheit bejahen. Insofern war die Methode des französischen Apothekers Émile Couè gut und wirksam, seine Autosuggestion vor dem Einschlafen 20mal zu wiederholen: „Es geht mir von Tag zu Tag immer besser und besser".

Natürlich wäre es noch besser, von vornherein zu bejahen, dass man vollkommen gesund sei. Das dürfte allerdings schwierig sein, wenn man von heftigen Schmerzen geplagt wird.

Zu hoher Blutzucker – Diabetes 2?

Ältere Menschen stellen oft fest, dass bei ihnen der Blutzuckerspiegel ansteigt, obwohl sie an der Ernährung nichts geändert haben. Ich vermute, dass die Bauchspeicheldrüse dann etwas träger arbeitet, wie so manche anderen Organe. Was kann man tun. Erster Schritt wäre, die Aufnahme von Kohlenhydraten zu reduzieren, da diese zu Zucker verstoffwechselt werden. Stattdessen mehr Gemüse essen. Wer glaubt, dass er dann nicht richtig satt wird oder zu früh wieder Hunger hat, irrt sich. Ich habe als reiner Vegetarier eher weniger Hunger, weniger früh Hunger als meine Freundin, die mehr Kohlenhydrate bevorzugt. Außerdem kann man eiweißreiche Fleischersatzprodukte zum Gemüse essen. Ich lernte von einem Diabetiker, dass man die Wirkung von Kohlenhydraten entschärfen kann, indem man Reis, Nudeln oder Kartoffeln am Tag vorher kocht und sie über Nacht im Kühlschrank stehen lässt. Werden sie am nächsten Tag zur Mahlzeit aufgewärmt, produzieren sie weniger Zucker laienmäßig ausgedrückt.

Eine andere Möglichkeit ist, Linsen in Nudelform zu verwenden oder Kichererbsen in Nudelform zu verwenden. Auch hier ist der Kohlenhydratanteil geringer.

Auch bei gleicher Nahrung produziert mein Körper weniger Blutzucker. Der Grund hierfür ist, dass ich etwa dreimal am Tage die Funktion meiner Bauchspeicheldrüse anrege, in dem ich meinen Rücken mit meinen Daumenknöcheln etwa 10-15 mal von oben nach unten streiche. Dazu soll man die Akupressurpunkte MP 4 (eine Handbreit vor dem Innenknöchel am Fuß), den MP 6 und den KS 6 drücken. So empfiehlt es Dr. med. Frank R. Bahr in seinem Buch „AKUPRESSUR".

Ich messe häufig meinen Blutzucker mit meiner Rute. In der Regel habe ich nüchtern einen Wert von 85 mg/dl. Andere Menschen sind in meinem Alter oft bei 100 mg/dl oder mehr.

Die Dosis macht den Unterschied

Es ist allgemein bekannt, dass die geringe Dosis von einem pflanzlichen Mittel heilt und die zu hohe Dosis tödlich sein kann. Man glaubt, dass man dieser Gefahr selten oder gar nicht ausgesetzt ist.

Nun wird in letzter Zeit von einem Arzt in Internet eher propagiert, dass bei Mangel von Vitaminen, Aminosäuren und

Nahrungsergänzungsmitteln eher überdosiert werden sollte, als eine zu geringe Dosis zu nehmen. Mir leuchtete das zunächst ein.

Vor kurzem las ich, dass Forscher festgestellt haben, dass eine bestimmte Substanz, vereinfacht ausgedrückt, für den Haarwuchs verantwortlich ist. Zu wenig von dieser Substanz lässt die Haare nicht wachsen, zu viel von dieser Substanz lässt Kahlköpfigkeit entstehen. Es ist im Moment wohl noch nicht bekannt, wo die Grenze ist für gesundes Haarwachstum.

Diese Information machte mich darauf aufmerksam, dass es das Problem der richtigen Dosierung auch bei allen Vitaminen, Mineralien, Aminosäuren und Nahrungsergänzungsmitteln geben könnte. Die richtige Dosis würde aufbauend, stärkend wirken, eine zu hohe Dosis ggfs. abbauend, schwächend. Erforscht ist hier wohl noch wenig.

Ich prüfe daher mit meinem Biotensor, meiner Rute, jeweils wie viele Tabletten oder Kapseln ich täglich von Vitaminen, Mineralien, Aminosäuren und Nahrungsergänzungsmitteln (z.B. Calcium, Vitamin B 12, Vitamin E) nehmen sollte. Es gibt Tage, da brauche ich z.B. 1 Tablette Calcium und andere Tage keine. Vitamin B 12 und Vitamin E und Omega 3 brauche ich meist nur jeden zweiten Tag. Mein Körper weiß am besten, was gut für ihn ist.

GEISTIGE HEILUNG

Ein Erfahrungsbericht - Neurodermitis

Geistige Heilung ist die Ganzheitsheilung von Körper,
Seele und Geist.

Die physische Heilung bringt meist nur die Symptome einer Krankheit
zum Verschwinden. Die ursächlich in der Seele liegende Krankheit
wird verdrängt, tritt an anderer Stelle auf oder tritt später an gleicher
Stelle wieder auf. Die geistige Heilung heilt vollends, Körper, Seele
und Geist.

Im Reich Gottes gibt es nur Liebe und vollkommene Harmonie, aber
keine Krankheit. Wer also auf Erden die Liebe Gottes lebt und in
vollkommener Harmonie ist, ist demnach gesund.

Harmonie ist der oder ein Schlüsselfaktor für Gesundheit. Die TCM,
die traditionelle Chinesische Medizin, geht davon aus, dass der
Mensch gesund ist, wenn alle Meridiane im Gleichmaß schwingen,
also in Harmonie, sind. Wie gelange ich in Harmonie?

Gott gab hierzu folgenden Rat: „Nimm alles, was auf dich zukommt
dankbar an und übergebe es mir. Ich werde dann alles so richten, wie
es gut für deine Seele ist", sinngemäß wiedergegeben. Es bedeutet,
dass wir uns mit allen Problemen an Gott wenden sollen, mit ihm
Zwiesprache halten. Er sagt auch, dass wir ihm Probleme übertragen,
sie aber dann wieder zurückholen, um sie selbst zu lösen, weil wir
offensichtlich zu wenig Vertrauen ich ihn haben. Eine schwierige
Sache! Tatsächlich wollen wir die Probleme meist selber lösen, was
wohl zu weniger guten Ergebnissen führen dürfte.

Es heißt auch, „liebe Gott über alles und deinen Nächsten wie dich
selbst", Lukas 10:27. Das sind alles Anforderungen an die Gläubigen,
mit denen viele wohl ihre Schwierigkeiten haben werden, sie zu

erfüllen. Gibt es trotzdem Hoffnung? Ja, ich glaube daran, wenn wir ehrlichen und guten Willens sind.

Wenn wir krank sind, liegt es an unserem gegen Gottes Gesetze gerichtetem Fühlen, Empfinden, Denken, Reden und Handeln. Die Leser*innen mögen mir verzeihen, wenn Wiederholungen an verschiedenen Stellen des Buchs auftreten. Ich versuche, Themen unter verschiedenen Aspekten zu betrachten.

Es wird Kranken empfohlen, so habe ich es gelesen, sich vorzustellen und fest daran zu glauben, keinen Zweifel daran zuzulassen, dass man vollkommen gesund ist. „Es geschehe nach eurem Glauben", sagte einst Jesus von Nazareth sinngemäß (Mt 9,29), anders ausgedrückt: nach deinem Glauben wird dir gegeben. Das ist oft unser Problem. Wir haben Schmerzen, fühlen uns krank und sollen fest daran glauben, vollkommen gesund zu sein. Was können wir tun? Mit persönlichen Erfahrungen will ich eine Antwort geben.

Grundsatz 1: Vergebungsprozess

Bei etwa 90 % aller Krankheiten ist die Ursache dafür eine geistige Fehlhaltung. Das ist nur dann nicht der Fall, wenn die Krankheit auf zum Beispiel einen unergonomischen Arbeitsplatz mit dadurch bedingter körperlicher Fehlhaltung zurückzuführen ist oder durch z.B. zu hoher Belastung durch schweres Tragen, wie es oft am Bau der Fall ist. Auch psychischem Stress muss wohl nicht immer eine geistige Fehlhaltung zugrunde liegen.

Wird als Ursache einer Erkrankung eine geistige Fehlhaltung erkannt, so ist die erste Aufgabe, in Gedanken oder auch persönlich, für das eigene Fehlverhalten um Vergebung zu bitten, die Fehlhaltung aus tiefstem Herzen zu bereuen und außerdem dem Nächsten seinen Anteil am Konflikt zu vergeben und Wiedergutmachung zu leisten, wo es noch möglich ist. So sieht es die Bibel vor.

Sprich nie Negatives über deinen Nächsten!

Diesen Grundsatz habe ich oft gelesen. Er leuchtet mir auch ein als Essenz geistiger Gesetze. Dieser Grundsatz ist nicht leicht einzuhalten, weil wir oft immer wieder „verführt" werden, im Gespräch mit anderen von einem unserer Nächsten Negatives zu berichten. Es wird also wohl immer wieder passieren, als Saat (Ursache). Damit sind wir wieder im Gesetz von Ursache und Wirkung. Und das hat negative Folgen für uns. Aber wir können die für uns negative Wirkung aufheben, indem wir unseren Fehler von Herzen bereuen und den Nächsten in Gedanken um Vergebung bitten.

Grundsatz 2: Bejahung der Gesundheit

Die wichtigste Maßnahme ist, nie wieder von der eigenen Krankheit zu sprechen. **Indem man von der eigenen Krankheit spricht, bejaht und verstärkt man die eigene Krankheit.** Man sollte daher auch seine Umgebung bitten, nicht von der Krankheit zu sprechen, unter der man leidet. Das ist oft nicht einfach, da es den Kranken drängt, sich anderen in Bezug auf seine Krankheit mitzuteilen, um deren Mitleid oder Mitgefühl zu bekommen. Aber was nützt dem Kranken das Mitleid bzw. Mitgefühl seiner Umwelt, wenn es seine Krankheit verfestigt, also ein Hemmnis für die mögliche Gesundung ist?

Meine erste Erfahrung mit geistiger Heilung war relativ simpel. Ich hatte seit längerer Zeit eine Prostatitis. Mein Hausarzt verschrieb mir dreimal hintereinander Sulfonamide (in meiner Erinnerung). Die Prostatitis war damit nicht beseitigt und schmerzte weiterhin. Mein Hausarzt lehnte es ab, erneut Sulfonamide oder Ähnliches zu verschreiben, weil es zu riskant wäre. So stand ich zunächst ohne eine Lösung meines Problems da.

Ich versuchte es nun mit geistiger Heilung, wie ich es schon mal gelesen hatte. Der Versuch der geistigen Heilung bestand darin, dass ich mir in der Bauchgegend der Prostata ein weißes, hellstrahlendes

Licht vorstellte, und zwar mehrmals am Tag. Es dauerte einige Wochen, dann war die Prostatitis geheilt.

Grundsatz 3. Geduld

Im Reich Gottes gibt es keine Zeit. Eine geistige Heilung kann also längere Zeit erfordern, länger, auch viel länger, als man es sich wünscht.

Es gab wohl später noch andere Krankheiten, bei denen mir das göttliche Licht geholfen hat, die Krankheit loszuwerden. Mir fehlt allerdings die Erinnerung daran. Aber in mir hat sich der Glaube als feste Überzeugung festgesetzt, dass sich jede Krankheit mit der Hilfe Gottes, also mit geistiger Heilung heilen lässt.

Bei vielen meiner Krankheiten habe ich die geistige Heilweise nicht genutzt, sondern nur alternativen Heilweisen vertraut. Warum? Ich weiß es nicht. Vielleicht war ich damit zufrieden, zunächst die Symptome loszuwerden. Die Heilung mit Elektroakupunktur dauerte bei mir aber auch oft 3 Monate, bei ein- bis zweimaliger Anwendung pro Woche.

Auf die geistige Heilung bin ich erst wieder zurückgekommen, als es nicht anders ging. Im Alter von 85 Jahren, im Juli 2020, erkrankte ich an Neurodermitis.

Der Auslöser, so glaube ich, war ein Konflikt mit meiner Freundin, die ich nach dem Tode meiner Frau gefunden hatte und die getrennt von mir wohnt. Aus für mich nicht ganz erklärbarem Anfall von Egoismus ärgerte ich mich – mit innerem Zorn - darüber, dass meine Partnerin, sich mit Freundinnen treffen wollte und nicht zu mir kam. Sie wusste und ahnte nichts von dem in meinem Inneren tobenden Zorn. Als ich meine Partnerin kennen und lieben gelernt hatte, hatte ich mir vorgenommen, sie glücklich zu machen und ihr die Freiheiten zu geben, die sie braucht. Insofern passte mein Zorn überhaupt nicht zu dem, was ich mir vorgenommen hatte. Ich verstand mich selber nicht mehr. Kurze Zeit später brach die Neurodermitis aus.

Die Hautärztin sagte mir, dass mir meine Homöopathie (Cardiospermum) nicht helfen könne. Sie verschrieb Cortison, später empfahl sie noch Eucerin zur Hautpflege. Ich brauchte viel Cortison-Creme für den gesamten Körper (ohne Kopf), was zu erheblichen Wassereinlagerungen an meinen Beinen führte.

Neurodermitis gilt allgemein als unheilbar. Damit wollte ich mich nicht abfinden. Ich ging zu einem Heilpraktiker, der glaubte, mit Darmsanierung die Neurodermitis heilen zu können. Viele teure alternative Medikamente, 4 Wochen kein/wenig Zucker. Teure Honorare. Es brachte mir nichts.

Es wurde noch schlimmer. Ich fror, schwitzte und hatte Schüttelfrost trotz warmem Zimmer. Ich hüllte mich zusätzlich zur Woll-Strickjacke noch mit einer Wolldecke ein. Mein Hausarzt wusste nach einigen Versuchen mit Antibiotika keinen Rat. Er verschrieb mir Pregabalin, 50 mg, später 75 mg, ein Nervenmittel, das die peripheren Nerven dämpfen sollte. Das Mittel half nach einiger Zeit gegen Schwitzen, gleichzeitiges Frieren und Schüttelfrost. Es blieb aber als Nebenwirkung eine leichte Berührungsempfindlichkeit der Haut zurück, die durch meine geistige Heilung gemindert wurde, nicht mehr störend ist. Im Februar 2022 habe ich mich dann aus diesem Nervenmittel ausgeschlichen. Ich wollte keine pharmazeutischen Mittel mehr einnehmen. Es ist unglaublich, welche Nebenwirkungen man bekommen kann.

Irgendwann hatte ich angefangen, mich geistig zu heilen, indem ich mir vorstellte, weißes Licht würde mich durchleuchten. Es brachte zunächst keine Besserung., weil ich es nur sporadisch anwandte, nämlich beim Laufen in der Stadt. Offenbar kann man sich dabei nicht genügend auf diese Heilung konzentrieren.

Ich hatte wieder mit Qi Gong Übungen begonnen zur Beruhigung meines Nervensystems. Meine Lehrerin, die irgendwie von meiner Neurodermitis erfuhr, hatte, wie sie erklärte, 2 Kinder, die mit Bioresonanztherapie von Neurodermitis geheilt wurden. Ich ging in Kempten zu einem Heilpraktiker, der Bioresonanztherapie anbot. Nach 6 Sitzungen erkannte ich, dass er mir in meinem hohen Alter vermutlich nicht helfen kann.

Ich holte mir dann Rat von einer auf Hautkrankheiten spezialisierten Heilpraktikerin im Allgäu, eine Autostunde entfernt von mir. Ihre Ratschläge, spezielles Waschpulver, spezielle Zahncreme, Olivenöl zur Hautpflege (vertrug ich gar nicht), kein Soja, keine Nüsse usw. zielten auf Eindämmung des Symptoms. Ihr Rat brachte keine Heilung.

Mir fielen die wenigen verbliebenen Kopfhaare aus. Starke Hautschuppen bildeten sich auf meiner Kopfhaut und an meinen Schläfen.

Etwa ein Vierteljahr nach Auftreten der Neurodermitis bildete sich an meinen Füßen eine dicke Hornhaut, fast so dick und fest wie bei einem Krokodil. Die vom Hautarzt verschriebene Creme und die im Handel gegen Hornhaut käufliche Creme halfen nicht. Ich probierte wochenlang damit herum, ohne eine Besserung zu erreichen. Wurde die Hornhaut abgetragen, wuchs sie schnell wieder nach. Ich fand psychisch keine Erklärung hierfür und glaubte mit meinem sozialen Umfeld im Frieden und in Harmonie zu sein.

Ich hatte plötzlich Wasser in Füßen und Beinen, dicke Beine, Knöchel und Füße. Die Schuhe passten nicht mehr. Ich kaufte neue Schuhe. Mein Arzt riet mir, Stützstrümpfe zu tragen. Das wollte ich nicht.

Die bisherige Einnahme von Lymphomyosot, ein homöopathisches Mittel gegen Ödeme, war eine sehr teure Angelegenheit und reduzierte nur so lange das Wasser in meinen Beinen, auch nicht vollständig, so lange ich diese Tabletten nahm. Ich nahm dann stattdessen die homöopathischen Mittel Kalium carbonicum und Arsenicum album. Sie wirkten weniger gut, aber mit geringeren Kosten.

Im Internet suchte ich mir ein Bild von gesunden Füßen. Dieses Bild auf meinem iPhone sah ich mir täglich öfter an. Ein Bild ist bekanntlich wirksamer als viele Worte. Ich ließ auch immer wieder mal, also nicht so regelmäßig, helles strahlendes Licht durch meine Füße fließen. Nach einiger Zeit löste sich die Hornhaut mehr und mehr ab. Nach etwa 4- 5 Monaten war sie wieder verschwunden. Die Haut meiner Füße ist wieder wie vor der Neurodermitis, weich und ohne Hornhaut.

Ich fuhr wegen der Neurodermitis auch zweimal zu einem geistigen Heiler, eine halbe Autostunde entfernt, dessen Behandlung jeweils 4 - 5 Minuten dauerte, ohne Erfolg.

Vor vielen Jahren (1982) hatte ich selbst kurzzeitig als geistiger Heiler gewirkt. Meine Behandlung an meiner damals 80 Jahre alten Sekretärin (in meinem neuen Job) dauerte jeweils etwa 15 bis 20 Minuten. Das Heilungsergebnis (jeweils durch Gott) war Heilung eines verletzten Knies, Beseitigung eines Überbeins an der Hand und Beseitigung eines schwarzen Flecks auf der Lunge. Bei einem Lieferanten wurde ein sehr schmerzhafter Trigeminusanfall, aufgrund dessen er nicht mehr fahrtüchtig war beseitigt, sodass er nicht übernachten musste, sondern noch 2 Stunden nach Hause fahren konnte. Bei meiner Frau und Tochter wurden Unterleibsschmerzen und Kopfschmerzen beseitigt.

Ich gab es damals auf, als geistiger Heiler zu wirken, als ich erfuhr, dass ich mich an Patienten schuldig mache, die ihre geistigen Verfehlungen, welche die Ursache ihrer Krankheit waren, nicht durch tiefste Reue und um Vergebung-bitten und Vergeben in Ordnung gebracht hatten. Ich konnte ja nicht wissen, wie sie denken.

Meine zwischenzeitlichen Bemühungen, mich bei meiner Neurodermitis auf geistige Heilung zu programmieren, waren längere Zeit wenig bis gar nicht erfolgreich geblieben. Ich bejahte meine Gesundheit, teilweise auch mit Vorstellung von durchlichtetem Körper, aber nur sporadisch. Es brachte mich nicht voran.

Ich fand in meiner Bibliothek ein Buch von Kurt Tepperwein mit dem Titel: „Geistheilung durch sich selbst – Gesund und glücklich durch Psychokybernetik und Hypnomeditation". Das Buch ist interessant und lesenswert. In meinem Fall glaubte ich, die im Buch beschriebene „Tafeltechnik" in Verbindung mit der „21-Tage-Technik" könnte mich von der Neurodermitis befreien.

Bei dieser Technik zählt man sich runter in Trance, indem man mit entsprechenden Farben von 7 bis 1 runterzählt und sich an den gewählten Entspannungsort begibt. Der Entspannungsort kann ein schon besuchter Ort, wo man sich sehr wohlfühlte und glücklich war oder auch ein virtueller Garten sein.

In dieser leichten Trance stellt man sich an diesem Ort eine Tafel mit einem weißen Rahmen und eine Tafel mit einem schwarzen Rahmen vor, per Imagination. Auf die Tafel mit schwarzem Rahmen schreibt man den Krankheitszustand, den man loswerden will. Voller Wut zertrümmert man die Tafel mit dem schwarzen Rand mit der per Imagination darauf geschriebenen Krankheit. Auf die Tafel mit dem weißen Rand schreibt man dann, wie der gewünschte Zustand, die Gesundheit, aussehen soll. Man muss dem Unterbewusstsein klar sagen (= sich bildhaft vorstellen), was erreicht werden soll. Es ist unnötig zu imaginieren, **wie** das geschehen soll. Die gewünschte Wirkung muss man sich immer wieder bildhaft vorstellen.

Bei der 21-Tage-Tecchnik soll man diesen vorstehend beschriebenen Vorgang vor dem Schlafengehen und am Morgen nach dem Aufwachen 21 Tage lang wiederholen. Wenn dann noch kein Erfolg eingetreten ist, soll man das drei Monate lang machen. Das Wichtigste bei diesem Verfahren ist, dass man ganz fest an den Erfolg glaubt, so wie Jesus sagte: nach eurem Glauben wird euch gegeben. Es darf keinen Zweifel am Erfolg geben.

Ich habe die 21-Tage-Technik zweimal gemacht und dann noch mal 3 Monate. Ohne Erfolg. Mein Misserfolg lag wohl darin begründet, dass ich erwartet hatte, dass sich innerhalb der 21 Tage jeden Tag eine Verbesserung meines Zustands zeigen würde, was nicht der Fall war. Andererseits konnte ich nicht glauben, dass am 21. Tag oder 22. Tag die Krankheit schlagartig verschwunden sein würde. Ich musste also nach einer neuen Lösung suchen.

Jetzt setzte die Führung Gottes ein. Ich musste zum Notarzt-Dienst fahren wegen einer Wundrose am Schienbein. Ich suchte im Bücher-Regal nach einem bestimmten Buch zum Lesen während der langen Wartezeit. Auf die Schnelle konnte ich es nicht finden, aber es fiel mir ein Buch entgegen, das ich vor sehr vielen Jahren schon einmal gelesen hatte. Autor: Dr. Masaharu Taniguchi, Titel: „Die Hochschule des Glücklichseins und Glücklichwerdens". Ein wunderbares Buch!!

Taniguchi überzeugt die Leser*innen seines Buchs an vielen Stellen, liebevoll und Gott gegenüber dankbar zu sein. Er erklärt seine Sicht von Ursache und Wirkung, was wir säen, werden wir auch ernten. Das bedeutet, dass alles Negative (auch das Positive), was von uns zu unseren Mitmenschen ausgegangen ist, wieder auf uns zurückfällt.

Taniguchi empfiehlt die Reinigung des Unterbewusstseins von den Resten früherer Hass-, Neid- oder Rachegefühlen, die darin gespeichert sind, ohne dass wir uns noch an die damit verbundenen Situationen erinnern. Sie können die Ursache von Krankheit sein (S. 99). Man bittet also Christus oder Gott, dass er den Bittenden von diesen Belastungen befreien möge.

Taniguchi verweist darauf, dass ein negatives Gefühlserlebnis auch dann Krankheiten nach sich ziehen kann, wenn der oder die Betreffende sachlich im Recht ist, völlig schuldlos daran ist. „Die

Auswirkungen einer Gefühlsaufwallung sind unabhängig von der moralischen oder juristischen Rechtslage". Geraten wir wegen der ungerechten Behandlung in Zorn gegenüber dem Schädiger, „dann hat dieser Zorn eine die Seele vergiftende Wirkung, ganz gleich, ob dieser Zorn berechtigt ist oder nicht" (S. 108).

Taniguchi lehrt, „wenn wir krank werden, sollten wir zurückschauen und darüber nachdenken, ob wir nicht gegen jemanden Hass, Neid, Verachtung oder ähnliche negative Gefühle haben aufkommen lassen". Zu diesen krankmachenden Gefühlen gehören auch Unzufriedenheit, Enttäuschung und Angst vor jemandem" (S. 107).

Eigenschaft	Gehört zu mir?
Lieblosigkeit	
Egoismus	
Gleichgültigkeit gegenüber Mitmenschen	
Urteilen über andere, schlecht reden über sie	
Verurteilen anderer	
Abwerten anderer	
Belehren wollen	
Missionieren wollen	
Rechthaben wollen	
Besserwisserei	
Fehlende Sanftmut	
Ungeduld	
Aggressionsneigung	
Eigenwille	
Ängste	
Neugierde	
Neid / Missgunst	
Wut / Zorn	
Hass	
Groll / Ärger über andere	
Geltungsbedürfnis	
Hochmut / Überheblichkeit	
Resignation	

Wir sollten eine Inventur unseres Negativen machen, also auch unsere negativen Eigenschaften anschauen und eine Änderung einleiten. Nachstehend eine Liste möglicher negativer Eigenschaften, ohne Anspruch auf Vollständigkeit. Eifersucht ist z.b. eine zerstörerische Kraft. Sie will den Nächsten besitzen, ihn an sich binden und ihm somit den freien Willen nehmen.

Diesen Ratschlag von Taniguchi fand ich sehr gut und habe ihn umgehend umgesetzt und die Inventur niedergeschrieben. Es war zunächst nicht einfach, mich mit allen meinen negativen Eigenschaften und Verhaltensweisen wie in einem Spiegel anzuschauen. Je öfter ich es las und mich bemühte, meine Verhaltensweisen zu ändern, umso mehr stellte es mich zufrieden. Ich übergab immer wieder Gott diese Inventur meines niederen Menschlichen und bat um Vergebung. Taniguchi schreibt: „Wir sollten nicht versuchen, unser irriges Denken und Fühlen vor uns selber zu beschönigen oder gar zu verteidigen. Tun wir das nämlich, behalten wir die Krankheits- oder Leidensursache in uns, und wir können nicht gesunden" (S.110).

Die Ratschläge von Taniguchi brachten mich ein gutes Stück voran in Bezug auf meine geistige Heilung. Die übermäßig trockene Haut auf Kopf und Schläfen war verschwunden. Die Hornhaut an den Fußsohlen war weitgehend weg. Mein Körper brauchte nicht mehr an allen Stellen meiner Haut Cortison und auch das nicht mehr jeden Tag.

Beseitigung von Ödemen

Ich hatte im Krankenhaus bei der Behandlung meiner Wundrose am Schienbein von einem Bettnachbarn den Rat erhalten, meine Füße und Beine mit dem Gerät „Drainastim Pro" zu behandeln. Es ist nicht gerade billig (Sonderpreis 178,00 €), aber außerordentlich wirksam. Siehe Foto. Nach einigen Wochen, waren meine Füße und Beine wieder schlank, wie es die Werbung für dieses Gerät versprochen

hatte. Man setzt barfüßig die Füße auf das Drainastim Pro, stellt
AUTO, Modus Sole und die Intensität ein. 25 Minuten sind
voreingestellt. So einfach ist es.

Das französische Gerät ist technisch nicht von hoher Qualität. Schon
nach kurzer Zeit war die Anschlussbuchse für das Netzteil kaputt. Das
konnte ich reparieren. Einige Zeit später verabschiedete sich die
Fernbedienung. Andere Produkte dieser französischen Firma waren
bei mir nicht wirksam. Man kann innerhalb 90 Tagen zurücksenden –
mit hohen Portokosten nach Luxemburg -, aber nur einen Artikel pro
Jahr!!

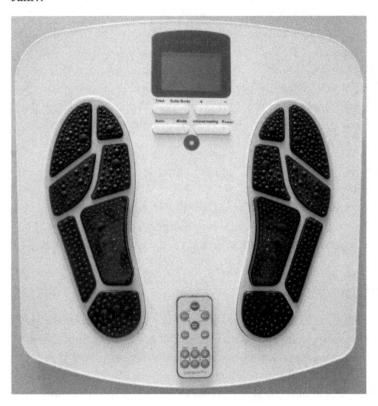

Meine Wundrose war offenbar eine Fügung Gottes, weil ich zu dem Buch von Taniguchi zurückfand und im Krankenhaus den Rat erhielt, mit dem Drainastim Pro meine Ödeme zu beseitigen.

Damit war ich aber noch nicht zufrieden. Es musste mehr Heilung möglich sein.

Mir fiel ein, dass ich vor einer Reihe von Jahren bei Amazon ein Buch mit dem Titel „Heilung ganz ohne Medikamente" gesehen hatte, aber damals nicht kaufen wollte. Jetzt wollte ich es kaufen, aber ich fand es nicht mehr. Stattdessen fand ich ein anderes Buch über geistige Heilung.

Ich besorgte mir antiquarisch das Buch: „Das Geheimnis geistiger Heilung" von Dr. Leonhard Hochenegg. In dem Buch wird für 49 Krankheiten eine geistige Heilung aufgezeigt, auch für Neurodermitis.

Dieses Buch half mir noch ein Stück weiter und war letztlich der Schlüssel zur vollständigen Heilung. In dem Buch wird beschrieben, wie sich eine Frau innerhalb von 8 Monaten von Neurodermitis heilte. Das kann ich auch, dachte ich mir und adaptierte die beschriebene Vorgehensweise für mich. Die beschriebene Erfahrung erschien mir logisch und machte mir Mut.

Die im Buch beschriebene an Neurodermitis Erkrankte hatte alles Mögliche versucht, um gesund zu werden, aber ohne Erfolg. Sie versuchte es dann mit geistiger Heilung.

In täglichen Übungen von etwa 20 Minuten Dauer ging sie in die Entspannung, bejahte, glücklich und zufrieden zu sein mit Freiheit von allen Problemen, bejahte die Durchwärmung des ganzen Körpers und dass die ganze Haut warm und gut durchblutet ist. Sie bejaht „meine ganze Haut ist warm und gut durchblutet, ich spüre jetzt, wie kosmische Heilkraft durch meinen ganzen Körper strömt, und im Licht der kosmischen Heilkraft heilt auch meine Haut, meine Haut spürt die angenehme Wärme, diese angenehme Wärme und Ruhe lasse ich einwirken, 20 Minuten lang wirken diese Gedanken ein, und kosmische Heilkraft durchströmt meinen Körper vom Scheitel bis zur Sohle, in diesem Zustand vollkommener Ruhe heilt meine Haut vollkommen aus". Sie bejaht ruhig und gelassen zu sein, in Frieden und in Harmonie zu sein. „Ich genieße mein Leben, und ich freue mich, dass göttliche Heilkraft meine Haut wieder gesund macht" (S.120). Sie reckt sich und streckt sich, um aus dem Zustand tiefer Ruhe rauszukommen und bejaht, sich wohlzufühlen. Diese Übung machte sie 8 Monate lang und war danach vollkommen gesund ohne jeglichen Juckreiz.

Als ich diesen Bericht gelesen hatte, dachte ich mir, das kann ich auch. Anfangs hielt ich mich in etwa an die vorstehend beschriebene Vorgehensweise, um dann aber meinen eigenen, ähnlichen, Weg zu gehen mit einer bildhaften Vorstellung. Bilder sind stärker als Worte.

Ich verzichtete auf die Bejahung der Wärme, ging aber in Selbsthypnose, weil in diesem tranceähnlichen Zustand Affirmationen vom Unterbewusstsein besser aufgenommen werden. Um in Trance zu kommen, also einen Zustand tiefster Entspannung, kann man sich auch vorstellen, ein Ölfleck zu sein, der sich in alle Richtungen ausdehnt, so las ich es in einem Buch über Selbsthypnose. Das funktioniert wunderbar.

Anfangs hatte ich mich programmiert mit den Worten/Gedanken: „Göttliches, strahlenden und heilendes Licht durchstrahlt meinen Lichtkörper von Kopf bis zu den Füßen und heilt alle Zellen, Organe, Gewebe, Glieder und Haut. Ich muss mich nicht darum kümmern!".

Später wählte ich eine andere Programmierung. Ich bejahte: „ich bin vollkommen gesund aus Gottes Licht und Kraft" und hüllte meinen Körper in göttliches Licht. Was ist dieses göttliche Licht, wie sieht es aus? Es ist eine bildhafte Vorstellung von einem weißen Licht, das den ganzen Körper durchstrahlt. Göttliches Licht ist die höchste Energie im Universum.

Ich hatte gelesen, dass man sich dieses göttliche Licht so vorstellen soll, wie das strahlende Licht, das von frischem Schnee ausgeht, auf das die Sonne strahlt. Stattdessen kann man sich auch das Licht vorstellen, das von Wasser ausgeht, auf das die Sonne strahlt. In beiden Fällen sieht man ein sehr stark strahlendes Licht, das man in Bezug auf seine Farbe schlecht beschreiben kann, weil es fast keine Farbe hat. Nach dem Ende der geistigen Behandlung danke ich Christus für die Stille, die Ruhe und die Entspannung, den inneren und äußeren Frieden und danke Gott für meine gute Gesundheit. Dann zähle ich mich aus der Selbsthypnose heraus.

In meiner Ungeduld wandte ich etwa 6 Wochen lang auch eine Organansprache an, was in Büchern empfohlen wird. Mein weitgehend aus einem Buch übernommener Text war:

„Meine liebe Haut, erwache aus dem Schlummer und erfülle getreu die dir übertragene Aufgabe. Gib meinem Körper Schutz und scheide auch aus. Deine Aufgabe ist, dass meine Haut gesund und robust ist. Erfülle, was dir der Allmächtige auferlegte." Das sagte ich ca. 7 Minuten lang.

Dann kam der 2. Text auch mindestens 5 Minuten lang: „Du bist nun aus deinem Schlummer erwacht. Ich danke dir, dass du dich nun für die Heilwellen vorbereitet hast, um diese aufzunehmen. Göttliche Heilwellen durchstrahlen meine Haut vom Kopf bis zu den Füßen und heilen alle Zellen und Gewebe meiner Haut. Ich brauche mich nicht darum zu kümmern."

Die Organansprache hatte bei mir nur wenig Wirkung, weil ich einen Text sprach bzw. dachte, der nicht gänzlich von mir war. Ich war dann nicht mehr überzeugt davon und wechselte also wieder zu der schon beschriebenen Vorgehensweise zurück. Aus früher genutzten Glaubensheilungen wusste ich, dass man seinem Körper auch befehlen solle, gesund zu sein, also zu sagen: „Mein Körper möge gesund sein." Aber das funktioniert auch nur, wenn man alles erkannte Sündhafte mit Bereuen und Vergebung in Ordnung gebracht hat. Ich fand diesen Befehl an den Körper nützlich.

Nachdem ich mich mehrere Monate täglich etwa 25 bis 30 Minuten auf die beschriebene Weise behandelt hatte, brauchte ich kein Cortison mehr. Meine Haut war frei von Neurodermitis und frei von Hautjucken. Mein Ziel war immer, frei von der Einnahme chemischer Medikamente zu sein, die immer ungünstige bis schädliche Nebenwirkungen haben. Das wurde erreicht.

Den Weg der geistigen Heilung kann jeder gehen, der Gott liebt und bemüht ist, seinen Willen zu tun. Die geistige Heilung ist da erfolgreich, wo Patienten von der Schulmedizin austherapiert sind.

Die Botschaft des Körpers

Mit einer Krankheit will unser Körper uns sagen, dass er Hilfe braucht. „Hinter den äußeren Auslösern der Krankheiten stehen als eigentliche Ursachen geistig-seelische Fehlhaltungen der Menschen selbst. Kurz gesagt: ein positiv gestimmter, glücklicher und sich des Sinns seines Lebens bewusster Mensch wird schwerlich krank und leichter gesund, es sei denn, seine Seele benötigt die Krankheit noch für einen Lernzweck. Aber: warum sollten wir nicht lernen können, ohne krank werden zu müssen?" zitiert aus dem Buch von Dr. med. Manfred Doepp: „Medizin der Bergpredigt – Eine Ganzheitsmedizin, Die Sprache unserer Organe", S. 7.

Doepp schreibt weiter auf Seite 8: „Die kürzeste Formulierung lautet: Liebe heilt, die zum anderen, die zu sich selbst. Die Liebe beinhaltet Harmonie in den Empfindungen, Gedanken, Worten und Handlungen.

Wie können wir das erreichen? Der goldene Weg ist der der Bergpredigt. Dazu bedarf es der Selbsterkenntnis, des Annehmens, des Bejahens und der Konfliktbereinigung durch Vergebung und Um-Vergebung bitten. Die gelebte Bergpredigt ist gleichzeitig der Weg zur Heilung des Körpers und zum Heil der Seele. Wenn wir beginnen, in jedem Menschen und in allem Negativen das Positive zu sehen, ist der erste Schritt getan."

Jede Krankheit ruft uns auf, Bilanz zu machen und festzustellen, welche Fehlhaltungen vorliegen und welche Veränderungen wir vornehmen sollen. Nehmen wir die notwendige Veränderung vor, ist die Krankheit nicht mehr notwendig und kann durch die Selbstheilungskräfte des Körpers geheilt werden.

Außer dem Buch von Doepp gibt es noch andere Bücher zur Sprache der Organe.

Zu diesem Thema erinnere ich noch an die Weisheit der Esoterik. Für Problem-Situationen gilt: "love it, change it or leave it".

Deutsch ausgedrückt: liebe es, nimm es an, akzeptiere es; wenn du es nicht annehmen kannst, ändere es, oder wenn du es weder lieben noch ändern kannst, verlasse diese Situation (z.B. Kündigung des Jobs, Auflösung der Partnerschaft und ähnlich. Dr. Doepp auf Seite 27: „Eine sinnlose Auflehnung, eine chronische Abwehrhaltung stresst das Immunsystem, bis es überschießend oder abwegig reagiert und eventuell später zusammenbricht."

Die nachstehende Grafik zeigt die Entstehung von Krankheiten aus Sicht der Psychoneuroimmunologie auf.

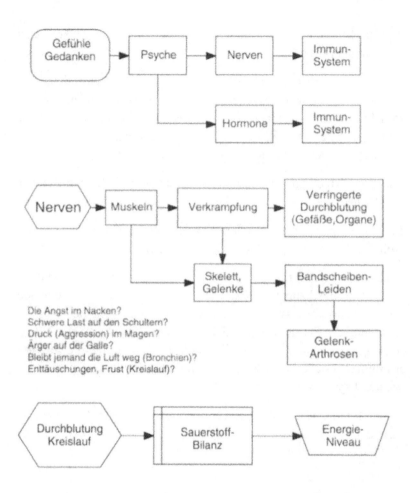

Einflussursachen psychoneuroimmunologisch auf die Entstehung
von Krankheiten

136

EPILOG

Oft genug habe ich mich gefragt, wie ich mir und eventuell auch anderen Menschen das Wirken oder die Wirkungsweise Gottes erklären kann. Ich kam zu keinem zufriedenstellenden Ergebnis.

In einer Versuchsanordnung fand der Wissenschaftler Dr. Klaus Volkamer heraus, dass sich eine im Vakuum gewogene Energie über eine gewisse Zeit automatisch vergrößern kann. Das Ergebnis widerspricht der Aussage der herkömmlichen Naturwissenschaft, dass Energie nicht verloren geht, sondern sich nur umwandelt, sich aber auch nicht vermehren kann.

Volkamer kam zum Ergebnis, dass wir von unsichtbaren feinstofflichen Feldern umgeben sind, die Bewusstsein haben. (zitiert nach: Dr. Klaus Volkamer „Der feinstoffliche Körper und seine universelle Verschränkung)".

Wir können vermuten, dass diese feinstofflichen Felder mit Bewusstsein, mit dem Bewusstsein aller Menschen, Tiere, Pflanzen, Mineralien, Steinen und den Elementen der Natur (auch mit Molekülen und Elektronen) vernetzt sind.

Gott und die Geistwesen im Himmel könnten in dieses vernetzte Bewusstsein der feinstofflichen Felder einstrahlen. Dann haben wir plötzlich eine Idee, einen Einfall, wie wir ein Problem lösen können. Oder ein uns nahestehender Mensch oder sogar ein Gegner lässt uns durch seine Bemerkungen oder sein Handeln erkennen, was wir tun sollten, um unser Problem zu lösen.

Wie wenig wir wissen oder wie wenig wir verstehen, sollen folgende Aussagen aus dem Buch „Bleep" der Autoren William Arntz, Betsy Chasse und Mark Vicente zur Quantenphysik verdeutlichen:

„Teilchen können sich an zwei oder mehr Orten gleichzeitig aufhalten. Ein Experiment stellte fest, dass sich ein Teilchen an bis zu 3.000 Orten gleichzeitig aufhalten konnte."

Laut Bleep heißt es, dass „der Energiegehalt mit feineren Ebenen der Materie zunimmt. Ein Kubikzentimeter leerer Raum (ca. Größe einer Murmel) enthalte mehr Energie als die gesamte Materie des bekannten Universums."

Was sagen diese Aussagen mir als dem Normalbürger? Ich erkenne nur, dass ich von höheren Kräften nichts weiß und sie auch nicht verstehe.

Wissenschaftler stellen fest, dass laufend neue Universen entstehen und andere Universen im schwarzen Loch verschwinden. Es fragt sich keiner, wer diese Vorgänge, die ungeheure Mengen an Energie und an Zielgerichtetheit erfordern, steuert und durchführt. Ist es Gott oder noch eine Kraft, die größer als Gott ist? Wir haben aber Gott definiert als die größte Kraft im Universum, ausgestattet mit Allmacht.

Andererseits lesen wir oft von den Gesetzen oder Gesetzmäßigkeiten Gottes. Wir können mit diesen Gesetzmäßigkeiten leben und von der Hilfe und Führung Gottes Gebrauch machen. Wir können uns aber auch gegen diese Gesetzmäßigkeiten verhalten. Was wird das Ergebnis sein? Wir erleiden unser persönliches Schicksal, das letztlich eher ein „Machsal" ist, weil nicht das Schicksal etwas schickt, sondern weil wir es selbst machen, was uns leidvoll trifft. Gott straft niemals. Strafen wir uns also selber?

In Gottes Universum gibt es keinen Zufall und auch keine Zufälle. Die östlichen Religionen sprechen von Karma, das für unser "Machsal" verantwortlich ist. Wir nennen es auch das Kausalgesetz, das Gesetz von Ursache und Wirkung. Die Bibel nennt es „was wir säen, werden wir ernten". Das bedeutet, alles Negative und Böse, aber auch alles Gute, was von uns ausgeht, fällt wieder auf uns zurück. Man sollte daher besser darauf verzichten, anderen Menschen Ungutes zu wünschen, sie abzuwerten, sie zu verurteilen, sie zu beschimpfen oder ihnen Nachteile zuzufügen.

In Matthäus 7,12 lesen wir die Goldene Regel: „Alles, was ihr also von anderen erwartet, das tut auch ihnen". Die Volksweisheit nennt es: „Was du nicht willst, dass man dir tu', das füg auch keinem anderen zu". Es wird auch die „Goldene Regel" genannt.

Erleiden wir am Ende nicht eine Art Gruppenschicksal, wenn wir im Gleichklang mit vielen anderen Menschen uns gegen Gottes Gesetze verhalten?

In der von Menschen gemachten Welt gibt es schwarz und weiß und es gibt eine Grauzone. Im Verhältnis der Menschen zu Gott gibt es diese Grauzone nicht. In Matthäus 6,24 heißt es: „Niemand kann zwei Herren dienen; er wird entweder den einen hassen und den andern lieben, oder er wird zu dem einen halten und den andern verachten. Ihr könnt nicht beiden dienen, Gott und dem Mammon." Gemäß Matthäus 12,30 sagte Jesus: „wer nicht für mich ist, der ist gegen mich; wer nicht mit mir sammelt, der zerstreut."

Jeder Mensch steht täglich vor der Entscheidung. Ist er für Gott oder gegen Gott? Ist er für Gott, so kann ihm das Gebet, die Zwiesprache mit Gott helfen, sein Leben besser zu gestalten. Ist er gegen Gott, eine Grauzone dazwischen gibt es nicht, so muss er am Ende das erleiden, was er verursacht hat, gegen Menschen, Tiere und die Natur, und was nicht vergeben wurde.

Die vorstehende Schlussfolgerung mag uns nicht gefallen. Wir können sie ausblenden. Aber damit ist die Gesetzmäßigkeit mit ihrer Wirkung nicht verschwunden.

Gott möchte, dass wir glücklich sind. Tun wir das, was er dafür von uns erwartet!

BÜCHER VON GEORGE CURTISIUS

2020 erschien von George Curtisius sein Buch:
„Das FBI gegen Gebetsterrorismus – Eine Crime Story um Vergebung und Verdammnis",
als Printausgabe bei Amazon sowie als Kindle-Edition.

Eine fiktive Story. Die geistige Welt will, dass für eine begrenzte Zeit in allen Bewohnern der USA das nicht vergebene Sündhafte sich als Schmerzen und Krankheit auswirkt, dass Gruppen von Menschen dafür beten. Immer mehr Menschen werden krank, die Wirtschaft ist am Zusammenbrechen. Nur die Vergebung heilt. Reverends lehren im Auftrag der Himmel die Vergebung. Das FBI sucht und jagt die betenden Gruppen als Verursacher der Krankheiten.

Dezember 2014 veröffentlichte George Curtisius sein Buch:
„Diktatur des Kapitals – Vision eines modernen Sozialismus".
Das Buch ist bei allen Buchhändlern zu kaufen, auch bei Amazon.

Das kleine Buch mit 92 Seiten besteht aus drei Teilen. Zuerst wird die Diktatur des Kapitals beschrieben und wie sie sich auswirkt. Unsere Regierungsform ist eine Schein-Demokratie. Moral und Sitten sind verkommen.
Teil 2 beschreibt das Scheitern der DDR mit ihrem Sozialismus und die Gründe dafür.
Teil 3 entwickelt die Vision eines Sozialismus ausgehend von alten Vorstellungen hin zu einem modernen Sozialismus mit Freiheit, Frieden, Gerechtigkeit und weitgehender Gleichheit der Lebensverhältnisse für alle Bürger, Arbeitsplatzgarantie und sozialer und persönlicher Sicherheit. Alle Bürger leben in einem bescheidenen Wohlstand. Es gibt keine Armut.

CPSIA information can be obtained
at www.ICGtesting.com
Printed in the USA
BVHW031227111022
649152BV00013B/518